I0793838

LO QUE OTROS DICEN SOBRE SAM CHAND...

Sam Chand ha dedicado su vida a luchar por el éxito de otras personas. Conocido como un "liberador de sueños", Sam es un líder de líderes que constantemente retará y elevará nuestras mentalidades, las limitaciones que nos autoimponemos, y las decisiones no examinadas. Sam escribe desde la enorme riqueza de su propia experiencia con perspectiva sorprendente, buen humor, y consejo pragmático.

—*Brian Houston*
Pastor principal global, Iglesia Hillsong

La enseñanza de Sam Chand es un arma secreta que da como resultado el aumento de la materialización efectiva de tu potencial no descubierto.

—*Obispo T. D. Jakes*
Autor de éxitos de venta del *New York Times*

El Dr. Chand ha sido uno de los mentores más valiosos en mi vida y ministerio. Tiene un carácter tremendo, una valiosa perspectiva de liderazgo, un sentido del humor contagioso, y el corazón de un pastor. Él ha sido mi mentor y me ha hecho ser un líder espiritual mucho más fuerte.

—*Craig Groeschel*
Pastor principal, Life.Church

Samuel Chand es un líder de líderes. Sus agudas perspectivas y su vasta exposición al liderazgo lo han preparado bien para proporcionar recursos al reino. Su pasión natural por el desarrollo de liderazgo es un don refinado que él comparte con entusiasmo con líderes y líderes en desarrollo.

—*John C. Maxwell*
Autor de éxitos de venta del *New York Times*

Nadie hace esto mejor que Sam Chand, y puedo decir eso por experiencia al trabajar con él en mi propia iglesia. Su reputación por ayudar a empresas a encontrar su camino en el siglo XXI es ejemplar, y su integridad está por encima de todo reproche.

—Jentezen Franklin
Pastor principal, Free Chapel
Autor de éxitos de venta del *New York Times*

Grandes líderes han dominado el arte de plantear grandes preguntas, pero líderes legendarios como Sam Chand han dominado el arte de cuestionar sus propias ideas.

—Steven Furtick
Fundador y pastor principal, Elevation Church

Hay cambio en el horizonte, pero no llegará por accidente; ¡requerirá intencionalidad por parte de quienes dirigen el camino! Como una voz de influencia sobre el tema del liderazgo, mi amigo Sam Chand te ayudará a moldear tu futuro ¡remodelando tu modo de pensar!

—John Bevere
Autor de éxitos de venta y ministro
Cofundador de Messenger International

Una de las voces más respetadas actualmente sobre liderazgo en la iglesia y el ministerio es el Dr. Sam Chand. En su página web, su lema es: "La visión de mi vida es ayudar a otros a tener éxito"; y es bueno en eso. Sam y yo hemos compartido varios clientes a lo largo de los años, y una y otra vez lo he visto dar la vuelta a iglesias que batallaban, inspirar a líderes frustrados, y transformar la cultura en organizaciones debilitadas.

—Phil Cooke
Productor de medios y consultor
Autor de *The Way Back*

Justo cuando pensaba que mi amigo Sam Chand había alcanzado su pináculo, él trasciende a una nueva dimensión. Sam tiene una habilidad maestra de hacer preguntas penetrantes, que son mejores preguntas que conducen a mejores respuestas, ¡y en última instancia a una vida mejor!

—*Obispo Dale C. Bronner*
Autor/fundador de Word of Faith Family Worship Cathedral

Sam Chand ampliará tu pensamiento, te dará herramientas nuevas, y te ayudará a recorrer tu viaje de liderazgo.

—*Mark Batterson*
Pastor principal, National Community Church

APROVECHA EL PODER DE LA TENSIÓN

ESTIRADO, PERO NO QUEBRADO

SAMUEL R. CHAND

A menos que se indique lo contrario, todas las citas de la Escritura han sido tomadas de la *Santa Biblia, Nueva Versión Internacional*®, NVI®, © 1999 por la Sociedad Bíblica Internacional. Usadas con permiso. Reservados todos los derechos. Las citas de la Escritura marcadas (NTV) son tomadas de la *Santa Biblia, Nueva Traducción Viviente*, NTV, © 2008, 2009 por Tyndale House Foundation. Usadas con permiso de Tyndale House Publishers, Inc., Wheaton, Illinois 60189. Todos los derechos reservados.

Traducido por:
Belmonte Traductores
Manuel de Falla, 2
28300 Aranjuez
Madrid, ESPAÑA
www.belmontetraductores.com

Editado por: Ofelia Pérez

Aprovecha el poder de la tensión
Estirado, pero no quebrado

ISBN: 978-1-64123-517-4
eBook ISBN: 978-1-64123-518-1
Impreso en los Estados Unidos de América
© 2020 por Samuel R. Chand
www.samchand.com

Whitaker House
1030 Hunt Valley Circle
New Kensington, PA 15068
www.whitakerhouseespanol.com

Por favor, envíe sugerencias sobre este libro a: comentarios@whitakerhouse.com.
Ninguna parte de esta publicación podrá ser reproducida o transmitida de ninguna forma o por algún medio electrónico o mecánico; incluyendo fotocopia, grabación o por cualquier sistema de almacenamiento y recuperación sin el permiso previo por escrito de la editorial. En caso de tener alguna pregunta, por favor escríbanos a permissionseditor@whitakerhouse.com.

1 2 3 4 5 6 7 8 9 10 11 27 26 25 24 23 22 21 20

ÍNDICE

1

TENSIONES EN TU VIDA PERSONAL

Es necesaria cierta tensión para que crezca el alma,
y podemos darle un buen uso a esa tensión. Podemos buscar
cada oportunidad para dar y recibir amor, para apreciar la
naturaleza, para sanar nuestras heridas y las heridas de otros,
para perdonar, y para servir.
—Joan Borysenko, Ph.D.[1]

La palabra *tensión* viene de la palabra latina *tendere*, que significa "estirar". No es malo ser estirados en nuestra carrera profesional, la crianza de nuestros hijos, nuestro ministerio o nuestro liderazgo. Cuando no somos estirados, nos quedamos estancados y dejamos de crecer. Incluso podríamos decir que la tensión es *inevitable* y a la vez, al menos en muchos casos, *deseable* en la vida y el liderazgo.

Brenda y yo nos casamos en Atlanta en 1979 y poco después nos mudamos a Gresham en Oregón, un suburbio de Portland. Los dos teníamos empleos; además, yo trabajaba como pastor de jóvenes de una iglesia. Al año siguiente escuchamos que una iglesia estaba buscando un pastor principal: era la iglesia natal de Brenda en Hartford, Michigan, donde todavía vivían sus padres. Yo estaba ciertamente interesado en el puesto. Hice la solicitud, pero, extrañamente, no recibí respuesta.

La historia reciente de la iglesia había sido cualquier cosa menos un trayecto viento en popa. Habían *votado* para que el pastor anterior se fuera, lo cual significa que fue despedido. Este tipo de situación hace que prácticamente siempre las personas tomen partido, a favor o en contra del pastor, y la animosidad puede dividir una iglesia. La gota que colmó el vaso se produjo en una votación congregacional en abril de ese año; fue entonces cuando hicieron la votación decisiva. La iglesia estaba agotada por el conflicto cuando Brenda y yo llegamos en julio de vacaciones para visitar a sus padres. Aquel domingo Brenda y yo visitamos la iglesia, y un par de líderes me preguntaron si yo quería predicar. ¡Estaba emocionado! ¡Esa podría ser mi oportunidad para cumplir mi sueño y llegar a ser pastor! No sé si los impresioné o si sencillamente estaban demasiado desesperados para rechazarme, pero les pedí que tomaran una decisión el día que prediqué, y ellos lo hicieron: había sido aceptado. Sin embargo, pronto supe que yo no había sido la primera opción de los líderes de la iglesia o de la congregación. De hecho, yo era su última opción, pero nadie más aceptó el puesto.

Brenda y yo regresamos a Oregón para hacer las maletas y mudarnos a la pequeña ciudad en Michigan. En mi primer servicio en agosto conté trece personas, Brenda y yo incluidos. Sin nosotros, la "congregación" (era más parecido a un grupo pequeño) tenía cifras de dos dígitos.

Los líderes de la iglesia dijeron que solo podían pagarme 125 dólares por semana, pero podíamos vivir en la casa del pastor adjunta al edificio de la iglesia. Nuestra sala compartía una pared con el bautisterio. Cuando llegamos, Brenda estaba en su octavo mes de embarazo de nuestro primer hijo. Nos estábamos embarcando en varias aventuras nuevas al mismo tiempo.

En un entorno rural, las iglesias crecen cuando el pastor hace visitas personales a hogares para llegar a conocer a las personas, orar con ellas, comer sus galletas, probar su mermelada casera, e invitarlos a asistir a la iglesia. Yo salía de casa temprano cada mañana y recorría una zona amplia para visitar personas que iban a la iglesia, a quienes podrían ir a la iglesia, y a quienes nunca habían pensado en ir a la iglesia. Llegaba tarde a casa cada noche y volvía a hacer lo mismo a la mañana siguiente. Era especialmente importante para mí hacer esas visitas los viernes y sábados porque entonces las personas no podrían usar la excusa de "me olvidé" y no asistir a la iglesia al día siguiente.

Mis esfuerzos dieron resultados. La congregación creció rápidamente hasta treinta personas, después cincuenta, después ochenta, y entonces cien. Cada domingo veíamos más vehículos en el estacionamiento, personas eran salvas, y la ofrenda aumentaba. Yo estaba totalmente agotado, pero me emocionaba que la iglesia estuviera creciendo tanto y con tanta rapidez.

Durante todo eso, sin embargo, Brenda estaba en casa, muy avanzada en el embarazo y muy sola. Todo esto era antes de los tiempos de los teléfonos celulares e incluso antes de los buscapersonas. El único modo de poder mantenernos en contacto durante el día era introducir pesetas en cabinas telefónicas, y yo tenía pocas pesetas preciosas. Habíamos programado el parto en un hospital en St. Joseph, una ciudad que estaba a unos treinta y dos kilómetros de distancia. Si Brenda me necesitaba, no había modo de poder contactarme cuando yo estaba visitando a personas en sus hogares.

Ella intentó por un tiempo ser dura y fuerte, pero poco después llegaba a casa y oía el sonido de sus lloros. Ella tenía temor de que llegara el bebé y no hubiera nadie allí para llevarla al hospital. Con la mayor sensibilidad le dije: "Llama a tus padres. Ellos viven solo a cinco kilómetros y pueden llegar aquí rápidamente". Pausé por un segundo y entonces le di una indicación más: "Pero antes de irte, déjame una nota".

Por alguna razón, mi solución no hizo que Brenda se sintiera comprendida y valorada. Yo había leído en el *Reader's Digest* que las mujeres embarazadas experimentan cambios hormonales cuando se acerca la fecha del parto, así que yo atribuí a eso sus lágrimas.

El primer sábado en octubre de 1980 regresé a casa bien avanzada la noche. Esa vez Brenda no estaba llorando. Yo no estaba seguro de si eso era bueno o malo, pero pronto lo descubrí. En cuanto entré por la puerta, ella dijo: "Necesito hablar contigo".

Esa frase tiene siempre implicaciones amenazantes para cualquier esposo. Nunca es para decir: "¡Eres un esposo estupendo! ¡Te quiero muchísimo!".

Me senté cerca de ella. Me miró y me dijo claramente: "Sam, todos en la iglesia tienen un pastor... excepto yo". Pausó por un segundo y después me dijo: "Estoy asustada. Voy a tener a mi primer bebé. Estoy sola y tengo mucho dolor. Necesito un pastor, así que desde mañana mismo voy a comenzar a asistir a otra iglesia".

Obviamente, ella había estado pensando en eso durante un tiempo; mencionó la iglesia *y* al pastor de esa iglesia.

Al instante, mis engranajes mentales comenzaron a dar vueltas. Me imaginé a Brenda saliendo en auto de nuestro estacionamiento al mismo tiempo que llegaban otras personas. En una ciudad pequeña, todos conocen los asuntos de los demás, y la noticia de que la esposa de un pastor asistía a otra iglesia diferente se extendería como la pólvora. Y lo más importante, desde mi punto de vista, era que mi credibilidad quedaría aplastada.

Durante una larga noche sin poder dormir, peleé con Dios. Le dije: "Esto no tiene sentido. Trabajo como un loco y la iglesia está creciendo, pero mi matrimonio se está desmoronando. ¿Cómo puede suceder que tú me estés bendiciendo en mi trabajo para la iglesia, pero las cosas en casa sean desoladoras y oscuras?". Estaba confuso y desesperado. Pensaba que estaba haciendo exactamente lo que Dios me había llamado a hacer, pero mi vida familiar era un tren a punto de descarrilar. ¿Acaso no estaba yo buscando primero el reino de Dios y dejando que Él añadiera todas las cosas a mi vida? Yo no estaba en pecado y la iglesia iba bien. ¿Qué estaba pasando por alto?

En algún momento en mitad de la noche sentí que el Señor me decía: "¿De qué aprovecha a Sam si gana la iglesia entera, pero pierde a su esposa?". A la mañana siguiente me disculpé con Brenda y le aseguré que iba a cambiar. Ella debió creerme porque no fue a la otra iglesia. Actualmente llevamos casados más de cuatro décadas. Nuestras vidas han estado muy ocupadas, pero hemos encontrado un modo de hacer que el otro sea una prioridad. (¡Estoy bastante seguro de que yo he tenido que hacer muchos más ajustes que Brenda!).

Este punto de tensión fue, en algunos aspectos, completamente predecible. Éramos jóvenes e idealistas. Yo tenía un nuevo empleo y quería tener éxito. Brenda iba a tener a nuestro primer hijo. Teníamos muy poco dinero. Yo había alcanzado mi meta más alta de ser pastor y me encantaba lo que hacía. Solo teníamos un año de casados, y antes de que pudiéramos hacer los ajustes normales llegó a nuestro camino un camión lleno de nuevos retos. Nos habíamos reubicado en el país dos veces en los primeros catorce meses de nuestro matrimonio.

Me gustaría poder decir que experimenté un punto de inflexión drástico aquella noche, y que todo ha sido estupendo desde entonces... pero eso no sería la verdad. Los cambios se produjeron lentamente, en incrementos, con varios vaivenes. Un domingo unos días después de que entendí que tenía que ser un pastor también para Brenda, estábamos de pie en el frente de la iglesia tras el servicio, dando apretones de manos y hablando con todos los que habían acudido. Una señora llamada Charlene se acercó a mí y me agarró por las solapas de mi chaqueta. Me miró a los ojos y dijo: "Escúchame, muchacho. Cuida de tu esposa".

Me sentí insultado al instante. *¿Por qué sintió que tenía que ser tan directa? ¿Por qué estaba siendo tan irrespetuosa y mezquina? ¿Por qué me llamó "muchacho"?* Pero días después entendí que Charlene me amaba más que casi cualquier otro en la iglesia. De algún modo, ella miró más allá de su crecimiento y vio lo que estaba sucediendo en nuestro matrimonio. Y aquel día, ella me declaró verdad.

Alguien me preguntó en una ocasión cuándo había resuelto yo la tensión entre trabajo y familia, y respondí: "Todavía no". Para ser sincero, aún estoy en el viaje de entender a Brenda y vivir con la tensión de dos corazones, dos personalidades, dos trasfondos diferentes, y dos personas que persiguen juntas un solo propósito.

Quiero examinar más plenamente esta tensión, y también explorar otras que existen en nuestras vidas personales.

FAMILIA Y TRABAJO

Cuando experimentamos presión en el trabajo y tensión en el hogar, sentimos que no tenemos ningún lugar donde ir y poder relajarnos. Cuando estamos en el trabajo, estamos preocupados por una discusión que tuvimos con nuestro cónyuge o nuestros hijos; cuando estamos en casa, no podemos dejar de pensar en la fecha límite que tememos no poder cumplir, o en la punzante crítica del jefe. Obviamente, no podemos enfocarnos en solo una de estas prioridades.

El hogar se supone que ha de ser *una ciudad de refugio* donde nos sentimos seguros, entendidos y apoyados. Tenemos que trabajar para ganarnos la vida, pero queremos que nuestra vida familiar sea feliz. Cuando ambos cónyuges están en el mundo laboral, los puntos de tensión se multiplican. Necesitamos vallas de contención para proteger el ambiente de nuestro hogar de las presiones del trabajo que pueden consumirnos.

Una de las quejas más comunes de las parejas es que no se entienden mutuamente cuando intentan comunicarse a un nivel más profundo. Normalmente, cuando las mujeres hablan de lo que les está molestando quieren sentirse escuchadas y entendidas, pero el varón se siente impulsado a solucionar el problema, a menudo con una respuesta rápida que da a entender: "¿Por qué no has pensado en esto?". Cuando ella no se siente apoyada, él responde: "¡Tan solo intentaba ayudarte!". Cuando se aplica más tensión desde cualquier fuente, como luchas con el dinero, los hijos y la familia política, estas tendencias de género se vuelven aún más pronunciadas y crece la división.

> ***CUANDO SE APLICA MÁS TENSIÓN DESDE CUALQUIER FUENTE, LAS TENDENCIAS DE GÉNERO SE VUELVEN AÚN MÁS PRONUNCIADAS Y CRECE LA DIVISIÓN.***

Cuando los varones comparten sus luchas, por lo general quieren que las mujeres que hay en sus vidas afirmen su hombría diciendo algo como: "¡Vaya, realmente trabajaste duro! ¡No puedo creer que aguantaras tanto trabajo para sostener a nuestra familia!". Él no quiere que ella intervenga con tres sencillos pasos para arreglar el problema.

La comunicación de la lucha puede que suene igual, pero cada uno quiere algo distinto. En muchos casos (pero no todos), ella busca ternura y empatía, mientras que él busca respeto y afirmación.

Pueden producirse estos malentendidos sobre cualquier tema, pero quizá son más comunes cuando las personas comparten sus luchas en el trabajo. El balance entre vida personal y trabajo ha sido un concepto popular por muchos años, y los principios relacionados con ello se están volviendo gradualmente más sofisticados. En un artículo para la revista *Forbes*, Alan Kohll observa cómo se ve la búsqueda de balance para diferentes generaciones. Para resumir sus hallazgos:

- Los Baby Boomers (nacidos entre 1945 y 1960) tenían padres que atravesaron la Depresión y la Segunda Guerra Mundial. Los boomers deseaban la estabilidad de un empleo fijo y tener ingresos suficientes. Su alto compromiso con sus carreras profesionales les hacía renunciar a una sensación de balance, así que reportan altos niveles de tensión.
- La Generación X (nacidos entre 1961 y 1980) experimentó el estrés causado por la dedicación al trabajo de sus padres, y reaccionaron al desbalance. Para ellos, el péndulo osciló hacia la

dirección contraria para dar prioridad a sus familias por encima de sus carreras profesionales. Valoran la flexibilidad en su horario de trabajo, el teletrabajo, y tiempo para vacaciones.

- Los Mileniales (nacidos entre 1981 y 2000) han sido a menudo malentendidos por sus empleadores. Estos jóvenes cargan con una enorme deuda por préstamos de estudios, enfrentan precios de la vivienda cada vez más altos, y no les importa cambiar de empleo si encuentran otra cosa que les resulte más atractiva. Los empleadores han intentado por años atraerlos y mantenerlos proporcionando un amplio abanico de beneficios en la oficina, pero muchos mileniales dicen que esas cosas no son importantes para ellos. Más de la mitad reportan que les preocupa encontrar una carrera profesional significativa. Kohll concluye:

> Crear un entorno de trabajo flexible es una de las mejores maneras de satisfacer las necesidades de balance entre vida personal y trabajo de la mayoría de los empleados, sin importar a qué generación pertenezcan... Es importante que los empleadores entiendan que el balance entre vida personal y trabajo se trata de algo más que horas. Además de fomentar la flexibilidad, los empleadores deberían esforzarse también por mejorar la experiencia general en el lugar de trabajo para sus empleados. Dar prioridad a una cultura saludable y cultivar un entorno de trabajo feliz fomenta el balance entre vida personal y trabajo. Cuando los empleados están felices en sus papeles, el trabajo se sentirá más parecido a un segundo hogar y menos parecido a trabajar para recibir un salario. Los empleadores deberían dar prioridad a la compensación competitiva, condiciones cómodas en la oficina, oportunidades para el crecimiento profesional y oportunidades para las conexiones sociales.[2]

- La Generación Z (nacidos después del año 2000) valora la flexibilidad y el significado en el trabajo tanto como un buen salario. Ellos quieren, y esperan, comunicación con sus empleadores y supervisores. La retroalimentación no es un lujo; es una necesidad. Puede que se hayan criado en la era digital, pero se desarrollan con la interacción humana.[3]

La tensión existente entre trabajo y hogar no es una que podamos resolver completamente. Podemos buscar empresas que valoren la flexibilidad y creen una cultura saludable, y podemos aprender a comunicarnos con nuestro cónyuge y nuestros hijos de maneras que fomenten la comprensión y el apoyo, pero la tensión estará siempre con nosotros.

> ***COMETEMOS UN ERROR CUANDO INTENTAMOS CONTROLAR DE FORMA EXCESIVA NUESTROS HORARIOS PARA DAR A CADA PARTE TIEMPO Y ATENCIÓN POR IGUAL. IGUAL TIEMPO NO SIGNIFICA NECESARIAMENTE IGUAL VALOR.***

Cometemos un error cuando intentamos controlar de forma excesiva nuestros horarios para dar a cada parte tiempo y atención por igual. Igual tiempo no significa necesariamente igual valor. Es más razonable dar un paso atrás, reconocer periodos y circunstancias especiales, y construir ritmos saludables en nuestras vidas. Por ejemplo, las mamás jóvenes no tienen tiempo para mucha relajación y lectura reflexiva, las personas que están inmersas en mudarse de una comunidad a otra se ven consumidas con multitud de detalles, ¡y las parejas con hijos recién nacidos y con una mudanza apenas tienen tiempo para respirar! No hay necesidad de sentirnos culpables durante estas y otras situaciones similares que requieren más de nosotros, pero en el momento apropiado podemos ajustar nuestras prioridades. Un problema común es que algunas personas no hacen este ajuste. El ritmo frenético durante una temporada particularmente estresante en la vida se convierte en la nueva normalidad. Es sabio reconocer los periodos, buscar circunstancias especiales, hacer los ajustes necesarios, y crear ritmos saludables.

ELLOS Y YO

Algunos de nosotros hemos dedicado nuestras vidas a ayudar a crecer a otros, pero muchas veces hacemos poco, si es que hacemos algo, para fomentar nuestro propio desarrollo. Necesitamos invertir en nuestra propia cordura, alegría y talentos. En el popular libro de Stephen Covey, *Los 7 hábitos de la gente altamente efectiva*, el último hábito es "afilar el serrucho". Esto significa que invertimos en nosotros mismos en cuatro áreas:

- Física
- Social/emocional
- Mental
- Espiritual

Covey da este consejo: "Tienes que decidir cuáles son tus mayores prioridades y tener la valentía de manera agradable, con una sonrisa y sin disculpas, de decir 'no' a otras cosas. Y el modo de hacer eso es teniendo un 'sí' más grande que arde en el interior. El enemigo de lo 'mejor' es con frecuencia lo 'bueno'".[4] Invertir en estas cuatro áreas es una práctica "mejor" para todos nosotros.

Podemos experimentar periodos en los que estemos dando mucho más de lo que tomamos. Cuando yo era un pastor nuevo preparaba cuatro mensajes cada semana, para el domingo en la mañana, el domingo en la noche, una clase de liderazgo para jóvenes adultos, y el estudio bíblico del miércoles en la noche. Mi estilo de vida en realidad no era diferente al de un maestro, un plomero, una mamá o un abogado. Todos nosotros nos entregamos totalmente por otros. La pregunta para nosotros es sencilla, pero a la vez clara: ¿está saliendo más de nuestros tanques emocionales e intelectuales de lo que entra? Si ese es el caso, pronto nos quedaremos vacíos, experimentando todas las consecuencias resultantes de impaciencia, desaliento, emociones irritables, y una corriente subterránea de resentimiento.

¿Qué llena nuestro tanque regularmente? Puede que sea tiempo con amigos, ejercicio, lectura de libros que no están relacionados con nuestra profesión, salir a cenar con alguien que amamos, jugar con nuestros hijos o nietos, golf, pesca, o cualquier otra actividad que recargue nuestras baterías. Si esperamos demasiado tiempo entre esas llenuras, casi con toda seguridad necesitaremos todavía más recursos para llenar nuestros tanques. No esperes. Desarrolla el hábito de llenar regularmente tu tanque. Sí, tienes responsabilidades. Sí, hay demandas sobre tu tiempo y energía. Y sí, tienes que dar mucho en el hogar y en el trabajo, pero si tu tanque se queda seco no tendrás *nada* para dar.

> ***LA PREGUNTA PARA NOSOTROS ES SENCILLA, PERO A LA VEZ CLARA: ¿ESTÁ SALIENDO MÁS DE NUESTROS TANQUES EMOCIONALES E INTELECTUALES DE LO QUE ENTRA?***

Algunos argumentarán: "Pero Jesús lo dio todo, hasta llegar a la muerte". Sí, pero si miramos los ritmos de su vida, veremos que Jesús a menudo se alejaba de la ocupación de su ministerio para pasar tiempo en oración, relajarse con sus seguidores más cercanos, y disfrutar de conectar con otros en las casas de amigos. Pocos de nosotros somos llamados a morir por nuestra fe, pero todos somos llamados a vivir una vida vibrante, llena de pasión y propósito para Dios. No podremos hacer eso si estamos agotados, enojados y desesperanzados.

Este principio no es solamente cierto para nosotros. Una de las maneras en que damos a otros es ayudándolos a crear espacio para recargar regularmente sus baterías. Todos necesitamos una mezcla de relajación y estimulación para mantener en buen funcionamiento de nuestro cuerpo, nuestra mente y nuestro corazón. He utilizado las analogías de llenar un tanque y recargar la batería. Otra es una cuenta bancaria: si lo que retiramos sobrepasa nuestros depósitos, quizá podamos sobrevivir por un tiempo, pero, tarde o temprano, estaremos en bancarrota emocional, física y relacional. ¡No permitas que eso te suceda!

ÉXITO Y SATISFACCIÓN

Podríamos ser tentados a utilizar estas dos palabras como sinónimos, pero en realidad están en tensión la una con la otra. Éxito es logro visible y por lo general se mide en términos de poder, popularidad, posiciones y posesiones; satisfacción es la sensación intangible de que estamos viviendo para un propósito más elevado, que nuestras vidas cuentan, y que estamos marcando una diferencia en las vidas de otros. *Hay* una diferencia, pero necesitamos evitar el error de hacer que sean polos opuestos.

No hay nada de malo en el éxito. Alcanzar metas tangibles nos da una sensación de logro, pero este sentimiento tan solo es temporal. Si los pastores ven a más personas que entran a la iglesia, siempre querrán más. Cuando los líderes empresariales ven crecer sus empresas, siempre se esfuerzan para lograr más ventas, más cuota de mercado. Demasiadas veces cuando alcanzamos un hito, estamos emocionados durante un tiempo (a veces un tiempo muy breve) hasta que miramos alrededor y vemos a alguien que tiene un poco más de poder, o a personas que tienen amigos que son un poco más populares que los nuestros, cosas más bonitas, y un título en la puerta de su oficina que está un paso o dos por encima del nuestro.

Podemos utilizar el éxito para cumplir nuestro propósito, pero demasiadas veces las trampas del éxito se vuelven más importantes que nuestro propósito; y, de hecho, podríamos llegar a consumirnos tanto en nuestra búsqueda de lo tangible que perdemos el rastro de lo intangible. Cuando nos obsesionamos con la siguiente medida de éxito la tensión se multiplica, utilizamos a las personas en lugar de amarlas, y sufrimos el abanico completo de problemas relacionados con el estrés.

> ***CUANDO NOS OBSESIONAMOS CON LA SIGUIENTE MEDIDA DE ÉXITO LA TENSIÓN SE MULTIPLICA, UTILIZAMOS A LAS PERSONAS EN LUGAR DE AMARLAS, Y SUFRIMOS EL ABANICO COMPLETO DE PROBLEMAS RELACIONADOS CON EL ESTRÉS.***

El autor de éxitos de venta John Ortberg identifica esta tensión describiendo nuestra *misión* (satisfacción) y nuestra *misión en la sombra* (valorar el éxito por encima de nuestro verdadero propósito dado por Dios). En realidad, mientras más talentosos y exitosos seamos, más seremos tentados a vivir para nuestra propia misión en la sombra.

Ortberg escribe:

> Parte de lo que hace que la misión en la sombra sea tan tentadora es que por lo general está íntimamente relacionada con nuestros dones y pasiones. No es un desvío de 180 grados; son tan solo 10 grados de desvío, pero esos 10 grados van en dirección al infierno... Si no abrazamos nuestra verdadera misión, viviremos nuestra misión en la sombra. Permitiremos que nuestras vidas giren en torno a cosas que son indignas, egoístas y oscuras.[5]

El problema que describe Ortberg es no vivir en la tensión: nos entregamos completamente a las trampas visibles del éxito sin utilizarlas para cumplir nuestro verdadero propósito. Este no es un fenómeno poco frecuente. Prácticamente todos los anuncios y la mayoría de las conversaciones suponen que las metas más elevadas en la vida son los elementos del éxito. En un artículo sobre esta tensión, la Dra. Theresa Bullard comenta:

> Mientras que alcanzar marcadores externos de éxito puede ser algo estupendo, tenerlos como la meta e impulsor principales ignora nuestro propósito y deseos más profundos. Cuando nos sentimos insatisfechos, indignos, poco queridos, con una sensación de carencia o de "no ser suficientes", entonces el patrón tiende a ser el de intentar llenar ese vacío con "éxito" y con "cosas". En algunos casos, tal éxito en realidad puede alejarnos de nuestra satisfacción debido a la distracción y a perseguir las cosas equivocadas. ¡Esto es literalmente lo contrario a la satisfacción!
>
> Fijarnos en tener éxito puede producir un estrés importante con respecto a producir un resultado o por trabajar en exceso. Se sabe que el estrés afecta a la salud, el bienestar, e incluso conduce

a depresión, adicciones y una vida de desbalance, lo cual en general disminuye la calidad de vida.[6]

Dios nos da misericordiosamente muchas cosas que disfrutar. Estas cosas nos producen deleite y satisfacción, y la respuesta apropiada es entender su fuente y dar gracias a Dios por su bondad y generosidad. Pero si esas cosas se convierten en nuestra meta central, nuestra búsqueda principal, estaremos impulsados, en lugar de agradecidos; temerosos de no estar a la altura, en lugar de descansar en la bondad de Dios; y mirando por encima del hombro para comparar nuestro éxito con el de otros, en lugar de deleitarnos en todo lo que Dios nos ha dado.

En esta vida, somos una bolsa mezclada. No tendremos motivos puros hasta que veamos a Jesús cara a cara, pero mientras tanto podemos ser conscientes de que lo visible puede abrumar a lo invisible. Gradualmente, podemos aprender a vivir en la tensión entre el éxito externo y la satisfacción interna, y podemos experimentar mayores niveles de gratitud y pasión. Necesitamos reunir la valentía para al menos preguntarnos por qué conducimos un tipo particular de vehículo, por qué vivimos en la casa que compramos, por qué vestimos cierta ropa en particular, y por qué escribimos lo que subimos a las redes sociales. Las respuestas pueden retarnos a entender la importante tensión existente entre éxito y satisfacción.

La satisfacción se trata de relaciones. Disfrutamos de una sensación de satisfacción cuando nuestros hijos y nietos se suben a nuestro regazo y nos dan un abrazo. Tenemos una satisfacción vicaria cuando los matrimonios y las carreras profesionales de nuestros hijos van bien. El nivel de felicidad de los padres a menudo coincide con el de su hijo más infeliz.

> ***MI SENSACIÓN MÁS PROFUNDA DE QUE LA MISIÓN DE MI VIDA ESTÁ SIENDO CUMPLIDA ES CUANDO ME REÚNO CON UNA PERSONA.***

Recibo invitaciones para hablar en algunas de las iglesias más estupendas del mundo. Es un honor estar allí y sin duda es una medida de éxito el ser aceptado con tanta calidez. Pero mi nivel de satisfacción es inversamente proporcional al tamaño de la audiencia. Mi sensación más profunda de que la misión de mi vida está siendo cumplida es cuando me reúno con una persona para hablar sobre lo que es más significativo para él o ella.

QUIÉNES SOMOS Y QUIÉNES QUIERE DIOS QUE SEAMOS

En cierto modo, somos una *exposición doble*. La Biblia nos dice que somos amados, perdonados y aceptados por la gracia de Dios... pero todavía pecamos. De hecho, somos tan pecadores que fue necesaria la muerte del Hijo de Dios para pagar por nuestros pecados. Él nos sigue amando y nos valora más que a las estrellas del cielo. En cualquiera que pueda ser tu antropología bíblica muy bien sintonizada, todos podemos admitir que todavía no hemos llegado. Incluso el apóstol Pablo llegó a esa conclusión. Él fue uno de los líderes más dotados en toda la historia, pero sabía que había más: él todavía se esforzaba, proseguía, se movía para conocer, amar y servir a Jesús más plenamente.

Él escribió a los filipenses sobre su firme compromiso. Tras enumerar sus muchos logros y su elevado estatus dentro de la comunidad judía, le dio la vuelta por completo a todo eso. Explicó que su estatus y sus logros ya no significaban nada para él. Lo único que importaba era experimentar el amor de Jesús (ver Filipenses 3). Pero Pablo era realista acerca de que la vida cristiana es un proceso de transformación, a menudo un proceso largo y lento. Escribió a las personas en la iglesia que él no estaba satisfecho con su crecimiento espiritual; proseguía con firmeza hacia el amor de Dios y sus propósitos para él.

Esta no era una idea nueva en su carta. En sus comentarios de inicio recordó a los cristianos en Filipos que algún día su transformación sería completa; no hoy ni tampoco mañana, sino algún día cuando veamos a Jesús cara a cara. Dios nos da una sed de Él y de significado, y es nuestra meta perseguirlo a Él con todo nuestro corazón para permitir que sacie nuestra sed, pero entendemos que no será satisfecha por completo hasta que lleguemos a los nuevos cielos y la nueva tierra. Por ahora, siempre hay más.

Yo vivo en esta tensión. Estoy muy agradecido por todo lo que Dios ha hecho en mí, por mí y a través de mí, pero sigo prosiguiendo hacia más. ¿Por qué estoy escribiendo este libro? Porque hay más conceptos que puedo compartir. ¿Por qué viajo para dar conferencias y dar consultoría? Porque Dios me ha dado un propósito y un llamamiento. ¿Por qué todos nosotros sacamos tiempo para orar, estudiar la Biblia, servir a quienes tienen necesidad, amar a nuestras familias y amigos, y adorar con otros creyentes? Porque estamos en un viaje para descubrir más de las maravillas de quién es Dios y quién nos ha creado para que seamos.

EL DON Y LOS DONES

Todos nosotros tenemos múltiples dones, talentos y habilidades; también tenemos uno o dos que son más significativos que los otros. La tensión está en dar enfoque suficiente al don *principal* para así no ser distraídos por los *muchos* dones. Por ejemplo, yo hago muchas cosas, como escribir, hablar, liderar y dar consultoría, pero mi mayor impacto está en pasar tiempo de calidad con un líder.

> ***TODOS NOSOTROS TENEMOS MÚLTIPLES DONES, TALENTOS Y HABILIDADES. LA TENSIÓN ESTÁ EN DAR ENFOQUE SUFICIENTE A NUESTRO DON PRINCIPAL PARA ASÍ NO SER DISTRAÍDOS POR EL RESTO.***

He visto a personas conformarse con ser generalistas, en lugar de invertir recursos para llegar a ser excelentes en su talento principal, de modo que no operan en su *punto óptimo*. Otros están tremendamente dotados en alguna área, pero ya tienen un empleo en el que se sienten cómodos y ganan dinero haciendo otra cosa. Es importante maximizar nuestro mejor talento. ¿Cómo identificamos y afilamos el mayor don que Dios nos ha dado? Voy a proponer tres principios:

1. TU DON TIENE QUE SER DESCUBIERTO.

¿Quién te ha dicho: "¿Mira, eres realmente bueno en..."? ¿Cuáles son las actividades que te producen la mayor alegría, que te vigorizan, que llenan tu tanque emocional? ¿Cuáles son las cosas hacia las que gravitas de modo natural? ¿En qué está tu corazón durante tu inactividad? Las respuestas a esas preguntas probablemente te darán una ventana abierta para ver cuál es tu don principal.

2. TU DON TIENE QUE SER DESARROLLADO.

Incluso los deportistas más dotados emplean incontables horas afilando sus habilidades, y los mejores músicos practican sin cesar. Tú no eres diferente. Para afinar tu talento necesitas invertir en formación, mentoría, y encontrar oportunidades para practicar. A veces, eso requiere un gasto importante de dinero y la inversión de mucho tiempo, pero muchas veces estás tan deseoso por sobresalir en esa área que eso no te importa en absoluto.

3. TU DON TIENE QUE SER IMPLEMENTADO.

La práctica debe tener un propósito; el talento debe ser activado. Necesitas encontrar maneras de utilizar tu don, incluso esporádicamente, de modo que puedas afilar tus habilidades y exponerte un poco para encontrar nuevas oportunidades. Con el tiempo descubrirás dónde eres más exitoso y te sientes más satisfecho. En el proceso, puede que descubras un don que ha estado latente por muchos años... O quizá nunca lo observaste hasta ese momento. Tarde o temprano tendrás que tomar una decisión: puedes quedarte en tu papel actual, pero adaptar tus responsabilidades de trabajo en torno a tu don, o puedes encontrar un papel nuevo que maximice tus talentos.

> ***PUEDES ADAPTAR TUS RESPONSABILIDADES DE TRABAJO EN TORNO A TU DON, O PUEDES ENCONTRAR UN PAPEL NUEVO QUE MAXIMICE TUS TALENTOS.***

Cuando identificamos nuestro don principal y comenzamos a sobresalir en él, enfrentamos otras tensiones. Por ejemplo, nuestra pasión quizá no nos provea rápidamente un empleo con un ingreso fijo. Muchos camareros y camareras se están ganando la vida a la vez que buscan oportunidades de hacer algo que esperan hacer. Viven *entre medias* por un tiempo mientras se ganan la vida y buscan la oportunidad de hacer algo que realmente les gusta.

Cuando tenemos miedo a las tensiones en nuestra vida personal, o bien las ignoramos, nos dirigiremos a uno de los extremos para encontrar respuestas rápidas, o nos destrozaremos bajo la presión de no saber cómo vivir en ellas. Pero si aceptamos esas tensiones, podemos dar un paso atrás para verlas con más claridad, entender las complejidades, encontrar ritmos que funcionen para nosotros, y confiar en que Dios nos conduzca hacia más amor y satisfacción de los que nunca soñamos que fueran posibles.

LA COMPLEJIDAD DE LA TENSIÓN

Algunos de nosotros somos muy concretos: suponemos que podemos segmentar cada área de nuestras vidas para así poder abordar los retos y aprovechar las oportunidades que se presentan en cada una. La persistente presencia de tensión en una de las áreas, sin embargo, se desborda y afecta otras partes de nuestras vidas. En otras palabras, el menú del desayuno no es dos huevos por separado con la parte bonita hacia arriba; ¡están muy bien batidos! Las tensiones en el trabajo afectan cómo tratamos a las personas en el hogar, las tensiones en el hogar consumen nuestros pensamientos de modo que no somos tan agudos en el trabajo, y las tensiones relacionadas con problemas de salud, reveses financieros, tensiones en las relaciones, un nido vacío, padres ancianos, y todo el abanico de puntos de estrés posibles afectan otras áreas de nuestras vidas, sin importar lo mucho que intentemos situar cada una en su propia caja.

Desde luego, una tensión mayor y más prolongada tiene un impacto mucho más grande. Vivir con una tensión importante durante un largo periodo de tiempo erosiona la capacidad del cuerpo para lidiar con eso, la capacidad de la mente para pensar, y nuestro potencial emocional para recuperarnos. Necesitamos perspectiva para ver cómo nos está afectando la tensión, y necesitamos valentía para emprender la acción para resolver lo que podamos. Nos engañamos a nosotros mismos, sin embargo, cuando suponemos que un área de nuestra vida no afecta a las otras.

MI ESPERANZA PARA TI

A medida que lees este libro, espero que entiendas que la presencia de tensión no es un defecto en ti o una amenaza por parte de otros. No es un problema que hay que resolver, sino una presión que podemos utilizar. Cuando desarrolles esta perspectiva y te encuentres con tensión, estarás menos confuso, te sentirás menos culpable porque entiendes que la tensión no es el resultado de tu error o defecto, y experimentarás menos presión para solucionarlo todo y menos compulsión para resolverlo rápidamente y por completo.

A medida que interiorices los principios que se encuentran en estos capítulos, no te sorprenderás cuando las personas estén comprometidas, incluso comprometidas con pasión, con sus puntos de vista. Aprenderás a afirmarlas, escucharlas, y utilizar su energía para encontrar soluciones viables.

> ***A MEDIDA QUE TENGAS MÁS CONFIANZA EN UTILIZAR CREATIVAMENTE LA TENSIÓN, NO HARÁS SUPOSICIONES Y NO SERÁS INTIMIDADO.***

A medida que tengas más confianza en utilizar creativamente la tensión, no sacarás conclusiones rápidas sobre los motivos de una persona, no serás intimidado cuando otros demanden hacer las cosas a su manera, no los pasarás por alto cuando intenten esconderse, y adivinarás las intenciones de sus esfuerzos para reducir la tensión apaciguando a otros.

Cuando aceptamos la tensión como una realidad de la vida, ganamos confianza y claridad mental cuando nos encontramos con ella. Nos volvemos más sabios y accesibles. Nuestro enfoque no está en librarnos de la tensión, sino en usarla para crear algo mejor que antes. No caminamos sobre cáscaras de huevo, con temor a decir algo equivocado. Aprendemos cuándo hablar, cuándo hacer preguntas, cuándo escuchar, y cuándo soltar cosas.

Si creemos que si somos buenas personas no tendremos ninguna tensión, crearemos un tipo de tensión que puede comernos vivos. He oído decir: "Tu felicidad es inversamente proporcional a tus debería". Un corolario es: "Más debería, menos alegría". Yo creo que eso es totalmente cierto. Cuando nos relajamos en medio de la tensión, vemos a las personas y las situaciones con más claridad, e invitamos a nuestras familias y equipos al proceso de utilizar creativamente la tensión en la vida y el liderazgo.

Al final de cada capítulo encontrarás algunas preguntas de reflexión y un ejercicio de aplicación. No los leas apresuradamente. Toma tu tiempo: piensa, ora y escribe. También puedes utilizarlas para estimular la discusión en equipos y en grupos.

PARA PENSAR:

1. ¿Has experimentado una falta de balance entre tu familia y tu trabajo? En ese caso, ¿cómo les afectaron a ti y a tus relaciones más importantes?
2. ¿Cómo te ayudaría establecer ritmos para encontrar la mezcla correcta de tiempo con tu familia y el trabajo? ¿Cómo podrían ser esos ritmos?
3. En el año pasado, ¿cómo describirías tu *tanque*, tu *batería,* tu *balance bancario*? ¿Cuánto está entrando y cuánto está saliendo? ¿Hay algo que necesite cambiar? En ese caso, ¿qué pasos necesitas dar?
4. ¿Cómo describirías las diferencias entre éxito y satisfacción? ¿Por qué crees que el éxito es a menudo más atractivo que la satisfacción?
5. Si somos una *exposición doble,* ¿cuáles son algunas perspectivas que pueden evitar que seamos desalentados cuando no estemos haciendo más progreso en nuestra vida espiritual?
6. Al mirar atrás a los últimos años, ¿cómo has visto que tu don ha cobrado vida? ¿Qué puedes hacer para desarrollarlo e implementarlo?

PARA APLICAR:

- Al leer el capítulo, ¿qué tensiones descritas aquí te recordaron tus experiencias?
- ¿Cómo respondiste en aquel momento?
- ¿Cómo quieres responder la próxima vez?
- ¿A quién conoces que esté experimentando actualmente una tensión similar?
- ¿Cómo puedes ayudar a esa persona a aceptar la tensión, resolver la tensión, o utilizar la tensión para estimular una solución innovadora?

2

TENSIONES CON LAS PERSONAS

La vida es una serie de tira y afloja... Una tensión de opuestos,
como estirar una banda elástica. Y la mayoría de nosotros
vivimos en algún lugar en el medio... ¿Qué lado gana?
El amor gana. El amor siempre gana.
—Mitch Albom[7]

Hace algunos años, el director general de una organización grande me llamó y me pidió que me subiera a un avión para reunirme con él. Me explicó que quería que lo ayudara con la dirección para su futuro, "y, sí, algunos problemas con el equipo de personal". Cuando nos reunimos, le pedí que me contara lo que sucedía. Durante los noventa minutos siguientes me relató una historia tras otra sobre tensiones que estaba experimentando. En todas las historias escuché el mismo nombre:

> Cuando sucedió *esto*, Charlie hizo *esto*, "y causó muchos problemas...". Cuando sucedió *eso*, "Charlie intervino e hizo que todo fuera un caos... Charlie acudió a mí con esta queja... Cuando yo lancé una visión para nuestra empresa, Charlie habló e intentó derribarla... Charlie comenzó este programa y costó mucho más de lo que él había presupuestado... Me han dicho que hay un movimiento de resistencia subterráneo en la empresa, y escuché que Charlie lo lidera...".

Y siguió y siguió.

Durante nuestra reunión, la futura dirección de la organización no se mencionó, y no había *problemas de equipo* genéricos; estaba solamente el *problema de Charlie*. El liderazgo y la vida del director general estaban consumidos por su relación con Charlie. De hecho, medía cada decisión por el modo en que pensaba que respondería Charlie. Charlie era un líder de departamento, pero en efecto era quien dirigía la empresa. Se había convertido en una piedra en el zapato del director general, una molestia constante y dolorosa.

Al haberme reunido con cientos, si no miles, de líderes en negocios, iglesias y organizaciones sin fines de lucro, he observado una constante: siempre hay *un Charlie*. Siempre hay alguien en un equipo, comité o junta directiva que ejerce un poder y control desproporcionados.

De modo similar, me he reunido con muchos presidentes, directores generales, presidentes de juntas directivas y pastores que me han dicho que en las reuniones de su liderazgo superior de, digamos, cinco personas, cuatro de ellas participan, son perceptivas, flexibles, orientadas al futuro, esperanzadas y positivas, pero siempre hay una de ellas que tiene un "*pero*". Esta persona, a la que llamaremos Susana, es muy parecida a Charlie: negativa, pesimista, molesta y agotadora, normalmente con una gran sonrisa y pareciendo ser un jugador del equipo.

El resto de las personas desean debatir conceptos y procedimientos; buscan un resultado positivo. Pero Susana solamente quiere controlar la reunión y ejercer poder presentando objeciones. Con frecuencia se comunica con emoción para forzar a las personas a retraerse. Quizá no gane la discusión, pero molesta a las personas lo suficiente para evitar que el equipo haga progreso. Proclama: "¡No podemos hacer eso! ¡Es una tontería!". "¡Eso nunca funcionará!". "Ya hemos probado eso antes. ¡No funcionó entonces y no funcionará ahora!".

¡Estoy seguro de que estarás pensando en este momento en tus propios Charlie o Susana!

Cuando el líder de la organización se está preparando para esta reunión, principalmente piensa en Susana, la persona de, *pero...*, y ajusta su presentación para aplacarla. Cuando el líder está en el elevador o conduciendo hacia la reunión va pensando de nuevo en Susana, preguntándose cómo puede decir lo correcto de la manera apropiada para conseguir que ella esté de acuerdo con los nuevos planes. Durante la presentación del líder mientras lanza la visión, sugiere pasos hacia adelante y lidera la discusión, está prestando mucha más atención a Susana que a todos los demás. Y varias veces durante la reunión vuelve a decir: "Como dijo antes Susana...". Es condescendiente con ella con la esperanza de ganarse su influencia positiva.

Susana vive en la cabeza del líder. Ella ocupa unos bienes raíces de máxima calidad. El líder vive para agradarle, o al menos para limitar el daño que ella pueda causar, pero querer apaciguar es la peor manera de liderar.

El líder puede que no sea consciente de lo que ha sucedido, pero su gran visión para la organización ha quedado reducida, aplastada y limitada por anticiparse a cómo responder a una persona negativa. Toda gira en torno a la única persona que tiene menos pasión, la visión más pequeña, y el mayor cinismo de cualquiera que esté en el equipo de liderazgo. Sin duda alguna, Susana supone que está desempeñando un papel vital al aportar *realismo* al equipo, pero todos saben que pesimismo no es realismo.

¿Por qué no le confronta el líder? Ah, lo ha hecho; muchas veces, de hecho, pero siempre con sugerencias y nunca con expectativas y consecuencias claras. Externamente, los observadores tienen todas las razones para preguntarse si es incluso posible que el líder de una organización grande y de prestigio permita que eso siga sucediendo.

Sí, es posible. De hecho, sucede todo el tiempo.

La misma dinámica se produce en las interacciones familiares en la mayoría de las cenas en vacaciones y reuniones familiares. Siempre hay alguien, quizá *"la loca tía Sally"*, en quien todos piensan al planear el evento, durante y después. Algunas personas puede que ni siquiera acudan si ella va a estar allí, otros puede que se vayan apresuradamente porque ella les ha ofendido 453 veces (llevan la cuenta) y ya no van a soportarlo más. Y todos hablan sobre la tía Sally durante los días siguientes.

> ***HASTA EL GRADO EN QUE NUESTRAS CONEXIONES CON LAS PERSONAS SEAN INSPIRADORAS, PROSPERAMOS; HASTA EL GRADO EN QUE NOS AGOTEN O NOS DAÑEN, NOS MARCHITAMOS.***

Necesitamos relaciones amorosas y de confianza igual que necesitamos agua, comida y aire. Hasta el grado en que nuestras conexiones con las personas sean inspiradoras, prosperamos; hasta el grado en que nos agoten o nos dañen, nos marchitamos. Incluso las mejores relaciones, sin embargo, incluyen su parte de tensión. Necesitamos entender las tensiones normales para así poder construir relaciones saludables.

LIDERAR Y SER LIDERADO

Podríamos pensar que las personas cuyos nombres están en lo más alto de la gráfica organizacional no son lideradas por nadie... pero ese no es el caso. Todos nosotros, sin importar la posición que tengamos, somos responsables ante alguien: un jefe, una junta directiva, los accionistas o un mentor. Desde luego, la mayoría de nosotros estamos en algún otro lugar en la gráfica organizacional además de los puestos superiores, y es fácil ver a quién estamos liderando y quién nos lidera a nosotros. El hecho de que estemos liderando a la vez que somos liderados produce diversas tensiones:

1. Tenemos autoridad, pero tenemos que someternos a aquellos ante los que respondemos.
2. Somos líderes, pero lideramos mejor al servir.
3. Valoramos la creatividad y la innovación, pero ciertas cosas tienen que hacerse... y hacerse a tiempo.
4. Tenemos una visión para el futuro, pero también la tienen quienes nos piden cuentas, y su visión puede que sea distinta a la nuestra.
5. Proseguimos hacia el crecimiento, pero siempre necesitamos consolidar las ganancias.

LA TENSIÓN DE LOS DISCÍPULOS

Vemos esta tensión en las relaciones de Jesús con los discípulos. Mateo nos dice: *"Jesús reunió a sus doce discípulos y les dio autoridad para expulsar espíritus malignos y para sanar toda clase de enfermedades y dolencias"* (Mateo 10:1, NTV). Puedo imaginarlos respondiendo: "¡Fantástico! ¡De eso estoy hablando!". Pero poco después de aquello, en el mismo capítulo, Jesús les advirtió: *"Si te aferras a tu vida, la perderás; pero, si entregas tu vida por mí, la salvarás"* (Mateo 10:39, NTV). A quienes siguen a Jesús se les ha dado autoridad, pero ellos renuncian a *su* autoridad... al mismo tiempo.

Toda autoridad es autoridad delegada o recibida. Nosotros no la inventamos o la creamos. Alguien que está por encima de nosotros nos da responsabilidad, recursos y un rol que desempeñar. Si afirmamos con arrogancia que la autoridad viene de nosotros mismos, abusaremos de ella y la utilizaremos para dominar a otros; pero si la aceptamos de parte de la mano de otro, podemos utilizarla con humildad y fortaleza.

En mis años de reunirme con líderes en los mundos empresarial y eclesial, he escuchado varias afirmaciones que son como mínimo banderas amarillas, si no son rojas, y que me hablan sobre la percepción que tiene una persona de la autoridad. Las siguientes son algunas de ellas:

"Yo sirvo a la visión, no al líder. En realidad, no le tengo ningún respeto".

"Haz lo que quieras en la organización, salvo en mi área. ¡Déjanos tranquilos a mí y a mi área!".

"Aborrezco decirlo, pero yo soy un líder mucho mejor que mi jefe (o pastor)".

"A mi líder le irían mucho mejor las cosas si siguiera mis consejos".

¿Escuchas ecos de conversaciones que has tenido o que has escuchado a lo largo de los años? ¿O han salido de tu boca algunos de estos comentarios? Revelan que la persona insiste en ser un líder, pero a la vez se resiente a ser liderado.

Para liderar bien a la vez que somos liderados, voy a ofrecer algunas recomendaciones. Las he adaptado de mi amigo Chris Sonksen, el fundador y líder de una organización de crecimiento eclesial llamada Boom:

1. Desarrolla un espíritu de posesión. Es decir, hazte responsable sin quejarte o culpar a otros.
2. Administra el dinero de la organización como si fuera tu propio dinero.
3. Honra a tu líder incluso cuando estés en desacuerdo con una política, y honra a las personas que se reportan a ti, tratándolas del modo en que te gustaría ser tratado si estuvieras en su posición.
4. Desarrolla la capacidad de ver lo que ve tu líder. Cuando vayas caminando, observa la mancha en la alfombra, la puerta que se atasca, al recepcionista que tiene mal humor. No esperes a que el

líder lo observe todo y pase a la acción. Haz lo que puedas para arreglar esos problemas.

5. Habla el lenguaje de tu líder. Observa lo que le inspira y lo que le desalienta.
6. Crea margen en la vida de tu líder haciendo tu trabajo tan bien que él o ella nunca tenga que preocuparse por ti y nunca tenga que perseguirte para recordarte que hagas algo que te han asignado. No seas un adulador, pero encuentra maneras de alentar a tu líder.
7. Sigue desarrollando tus habilidades y tu capacidad. Invierte en ti mismo consiguiendo un mentor o coach, leyendo libros y revistas sobre tu área, escuchando podcasts, y viendo videos de líderes en tu campo. ¿Crees que no tienes tiempo para esas cosas? Mira tu horario con detenimiento y encuentra el tiempo.
8. Aprende a hacer buenas preguntas. He observado que las personas que sobresalen en su trabajo tienen la capacidad de plantear preguntas penetrantes que llegan al corazón de las personas y destapan la complejidad de sistemas y procesos.
9. Nunca quebrantes la confianza. Di la verdad, no participes en la murmuración, resuelve disputas con la persona sin permitir que se fomente resentimiento, llega a tiempo, y utiliza tu autoridad para edificar a las personas.
10. Comunica con claridad, con frecuencia y bien. No supongas que las personas comprenden porque tú hayas dicho algo una sola vez. Desarrolla el reflejo de decir: "Dime lo que me has oído decir".[8]

Todos nosotros, desde directores generales hasta cada línea en la gráfica organizacional y personas en cada familia, vivimos en la tensión de liderar a la vez que somos liderados. No tenemos la capacidad suprema para hacer cualquier cosa que queramos hacer; no tenemos el control completo. Y, sin embargo, se nos ha dado autoridad para tomar responsabilidad en nuestras organizaciones y nuestros hogares, para ser sumisos a quienes están por encima de nosotros y liderar a las personas con fortaleza y gracia.

INFLUENCIA E INFLUYENTES

Podemos tener cierta capacidad de influencia nosotros mismos, pero tenemos un impacto mucho más profundo y amplio si nos multiplicamos reclutando, formando, equipando y situando a otros para que tengan influencia. Una de las tendencias más significativas en la mercadotecnia en la Internet es la contratación de influyentes (*influencers*) en las redes sociales. Estas personas reciben un salario para decirle al mundo lo que piensan de productos, y otros acuden en masa a sus páginas.

En un artículo sobre este tema, Carla Rivera explica:

> Un influyente en redes sociales es un usuario que ha establecido credibilidad en una industria concreta, tiene acceso a una gran audiencia y puede persuadir a otros a actuar basándose en sus recomendaciones. Un influyente tiene las herramientas y la autenticidad para atraer regularmente a muchos espectadores y puede motivar a otros a expandir su alcance social. Un influyente puede ser cualquiera, desde un bloguero hasta una celebridad o un empresario en la Internet. Sencillamente debe sacar el máximo rendimiento a un nicho para conseguir una amplia credibilidad.[9]

¿Cuán amplio es su alcance? Rivera dice que Daily Dose es una página motivacional que alcanza a 200 millones de personas, una de cada cuatro personas que utilizan Instagram en todo el mundo. Huda Kattan es la experta en belleza más influyente del mundo con 29 millones de seguidores. Cameron Dallas tiene 21 millones que lo siguen para ver sus videos sobre todo un abanico de temas. Y Kayla Itsines tiene 10,5 millones que ven sus videos personales de ejercicios y mensajes inspiradores.[10]

Tú y yo probablemente no somos estrellas en YouTube, pero todos tenemos la oportunidad de invertirnos a nosotros mismos en las vidas de otros con la meta específica de ayudarlos a tener un impacto continuado. De persona a persona, *seguimos la cadena de favores* y vemos vidas cambiadas. Puede comenzar con poca cosa y llegar a ser algo increíblemente importante. Jesús comenzó con doce hombres, y en las siguientes generaciones su impacto barrió todo el mundo romano. Pastores, líderes empresariales, y personas que tienen cualquier posición de influencia pueden ampliar su alcance invirtiendo en las vidas de unos pocos. Los observadores de talento buscan deportistas con talentos únicos para reclutarlos para equipos deportivos, desde el béisbol, el críquet o la gimnasia. Ellos no esperan que sus propios talentos deportivos marquen una diferencia, y no se contentan con quedarse con los deportistas que ya están en el equipo. Siempre están buscando al siguiente grupo de estrellas.

Padres y abuelos tienen oportunidades maravillosas de edificar carácter, esperanza y valentía en las vidas de los niños. Los niños son esponjas que absorben los mensajes, verbales y no verbales, que comunican las personas que los rodean.

Dos eminentes psicólogas nos dan perspectivas sobre la influencia que tenemos sobre nuestros hijos. Virginia Satir nos reta: "Cada palabra, expresión facial, gesto o acción por parte de un padre o una madre le da al niño algún mensaje sobre su autoestima. Es triste que muchos padres no se den cuenta de qué mensajes están enviando".[11]

Y Brené Brown capta el corazón de la mayoría de nosotros:

> Yo no soy una experta en crianza de los hijos. De hecho, no estoy segura incluso de creer en la idea de "expertos en crianza". Yo soy una madre imperfecta, involucrada, y una investigadora apasionada. Soy una creadora de mapas experimentada y una viajera que tropieza. Como para muchos de ustedes, la crianza de los hijos es con mucha diferencia mi aventura más valiente y osada".[12]

A medida que impartimos nuestros valores, esperanzas, visión y habilidades a las personas, necesitamos recordar que a nosotros nos tomó mucho tiempo hacer progreso, al menos al principio. Ya seas mentor de un niño, miembro de un equipo, o alguien en tu grupo pequeño, no acumules responsabilidad sobre ellos y los abrumes. Invierte tiempo para entrenarlos, comprobar, y dirigirlos hacia cosas nuevas. Descubrirás, si es que no lo has hecho ya, que algunas personas prosperan con los desafíos y otras se marchitarán. Discierne la diferencia en las personas a las que influencias, y adapta tu participación para que encaje en el estilo motivacional de cada persona y su capacidad de manejar los retos. Te ahorrarás a ti mismo tiempo y dinero a la larga, y elevarás la probabilidad de que tus esfuerzos tengan éxito en producir un nuevo influyente.

> ***A MEDIDA QUE IMPARTIMOS NUESTROS VALORES, ESPERANZAS, VISIÓN Y HABILIDADES A LAS PERSONAS, NECESITAMOS RECORDAR QUE A NOSOTROS NOS TOMÓ MUCHO TIEMPO HACER PROGRESO, AL MENOS AL PRINCIPIO.***

DESAFÍO Y RITMO

Como hemos visto, algunas personas son fuertes y resistentes, y otras son impresionables y frágiles, pero todos se desarrollan con una visión más grande del futuro. Como líderes, padres y amigos, si empujamos con demasiada fuerza quizá podamos inspirar a algunas de esas personas por un tiempo, pero nos arriesgamos a aplastar sus espíritus. Pero para quienes son ambiciosos, si somos demasiado lentos, demasiado cautos o tímidos, encontrarán a otra persona que lance la cerilla de la visión a su gasolina de la pasión. Al relacionarnos con diferentes personas, una sola talla sin duda alguna no vale para todos. He conocido a personas muy dotadas y comprometidas que dieron todo lo que tenían para cumplir con sus responsabilidades, y cuando se sintieron presionadas a hacer más, pronto alcanzaron su punto de quiebre y se desmoronaron bajo el estrés. Estaban haciendo tanto como podían y tan pronto como podían, pero ir más allá y más rápidamente fue demasiado para ellas. Pero también he conocido a personas que tenían talentos latentes tremendos y que no los sacaron hasta que su jefe o sus padres dijeron algo como: "No estás viviendo a la altura de tu potencial. Eres mucho mejor que esto. Vamos, adelante. ¡Haz algo grande!". Es crucial conocer la diferencia entre estos dos tipos de personas.

Muchos líderes de organizaciones llegaron a sus posiciones avanzando, empujando y prosiguiendo hacia algo mayor y mejor. Ahora acuden a cada reunión con la convicción de que cada persona puede hacer más, algunas veces mucho más. Ciertamente no hay nada de malo en señalar a las personas hacia alturas más elevadas, pero algunos de estos líderes no ven el abanico de motivaciones que hay en la sala. Lo único que ven es una sala llena de clavos, y por eso la única herramienta que utilizan es su martillo.

La Gran Comisión fue la visión más audaz en la historia, y vemos a los cristianos en la iglesia primitiva dando todo lo que tienen por la causa. El relato de Lucas ilustra el enorme desafío, el ritmo paciente, y las decisiones cruciales que tomaron los líderes de la iglesia primitiva. Por ejemplo, miles de personas fueron salvadas en Pentecostés y en los meses que siguieron, pero los discípulos entendieron que todos aquellos nuevos creyentes necesitaban alimento y enseñanza, de modo que se reunían en grupos pequeños (ver Hechos 2).

El lanzamiento de la iglesia impulsó a los discípulos hasta el límite. En cierto momento se dieron cuenta de que estaban descuidando a algunas mujeres griegas que eran nuevas creyentes (ver Hechos 6:1). En lugar de culpar a los griegos por quejarse, ajustaron su estructura de liderazgo para ocuparse de ellas. Poco después de aquello, Esteban habló con valentía y pagó el precio supremo de ser apedreado hasta la muerte (ver Hechos 7).

Saulo fue cómplice en la ejecución y trabajó para destruir la iglesia, pero Jesús tuvo un encuentro con él en el camino de Damasco y cambió la trayectoria de su vida (ver Hechos 9). Él demostró inmediatamente que estaba totalmente dedicado a Cristo predicando sobre la salvación por medio de Jesús en la sinagoga en Damasco hasta que también él se vio bajo la amenaza de captura y muerte. Cuando los discípulos en

Jerusalén no confiaron en la historia de este nuevo convertido, Bernabé lo defendió. Los líderes entendieron que su fe era genuina, pero él planteaba una amenaza dondequiera que iba, de modo que lo enviaron a casa a Tarso. Lucas nos dice: *"La iglesia, entonces, tuvo paz por toda Judea, Galilea y Samaria; se fortalecía y los creyentes vivían en el temor del Señor. Y, con la ayuda del Espíritu Santo, también creció en número"* (Hechos 9:31, NTV).

> ***CUANDO INTERVENIMOS EN LAS VIDAS DE LAS PERSONAS QUE LIDERAMOS O DE LOS NIÑOS QUE CRIAMOS, NECESITAMOS ENTENDER QUIÉN NECESITA DESAFÍO Y QUIÉN PROSPERA CON LA AFIRMACIÓN.***

Cuando intervenimos en las vidas de las personas que lideramos o de los niños que criamos, necesitamos entender quién necesita desafío y quién prospera con la afirmación. Hasta cierto grado, todos necesitan ambas cosas, pero se sienten entendidos, afirmados y alentados a hacer lo mejor que saben cuando entendemos su deseo específico.

Sin duda, utiliza el desafío para elevar la visión de las personas, pero provee un ritmo realista para el cambio y el crecimiento, especialmente para quienes son más sensibles. Se ha dicho que, si un líder va diez pasos por delante de las personas, se convierte en un mártir porque muchas personas lo critican, pero si va dos pasos por delante, es un pastor visionario: el mejor tipo de líder.

UNIDAD Y DESACUERDO

Algunas personas malentienden por completo el concepto de unidad. Suponen que expresar preocupaciones o desacuerdo destruye necesariamente la unidad, pero ese no es el caso. El desacuerdo saludable afila nuestras mentes, aclara nuestro propósito y moldea nuestra dirección. Sin él, nos quedamos estancados; con él, cada persona en el equipo o en la familia puede sobresalir.

Un amigo mío, a quien llamaré Dan, estaba en la junta directiva de una organización sin fines de lucro. Durante semanas, los miembros de la junta debatieron sobre cómo manejar el fracaso de su director general en cuanto a liderar la organización. La decena de personas, la mayoría de las cuales fueron reclutadas porque eran capaces y dispuestas a donar generosamente a la organización, estaban divididas en su percepción del director general, y sus conversaciones se habían vuelto más acaloradas con el tiempo. Finalmente, el presidente de la junta convocó una reunión para resolver el problema de un modo u otro.

Cuando comenzó la reunión, Dan susurró a otro miembro de la junta: "Veremos cómo manejan las personas los desacuerdos esta noche. Espero que se sientan libres para decir lo que tengan que decir". Cuando habían pasado solamente unos quince minutos en la reunión y un par de personas habían compartido con cautela sus convicciones, uno de los miembros de la junta dijo con un tono de exasperación: "¡Esto no es correcto! No deberíamos tener este tipo de desacuerdo. Deberíamos finalizar la reunión, calmarnos, y regresar cuando tengamos una mejor disposición mental".

El presidente de la junta parecía perplejo. Dudó por un momento y después dijo: "Bueno, está bien. Regresaremos la próxima semana y veremos si podemos hacer progreso hacia una decisión".

El hombre que estaba sentado al lado de Dan parecía aliviado. Le dijo a Dan: "Vaya, eso ciertamente redujo el nivel de tensión en la sala, ¿verdad?".

Dan respondió: "¿Es esa la meta de la reunión? Algunas veces tenemos que meternos en la tensión, en lugar de hacer todo lo necesario para eliminarla". Hizo una pausa por un segundo y después explicó: "Lo único que consiguió eso fue posponer la conversación difícil que necesitamos tener. Ese tipo se siente con poder, el presidente se siente confuso, y el resto de nosotros perdimos una oportunidad de ser sinceros entre nosotros".

Hay una gran diferencia entre unidad y uniformidad. La primera vincula a las personas a pesar de sus diferencias; la segunda busca eliminar todas las diferencias, apoyándose en la fuerza para producir cambios o lograr objetivos. El desacuerdo es sin duda alguna una amenaza para la uniformidad, pero esa no debería ser nuestra meta. Distintas opiniones, incluso expresadas con fuerza, no destruyen la unidad... a menos que las personas supongan que eso sucede.

> **LA UNIDAD VINCULA A LAS PERSONAS A PESAR DE SUS DIFERENCIAS, MIENTRAS QUE LA UNIFORMIDAD BUSCA ELIMINAR TODAS LAS DIFERENCIAS.**

El desacuerdo saludable se enfoca en las ideas, no en la persona. En otras palabras, no participa en ataques *ad hominem*; eso significa evitar el uso de *afirmaciones personales* en la discusión. Incluso entonces, es importante evitar estallar la idea. En cambio, debemos enfocarnos en las fortalezas de la idea e intentar encontrar maneras de mejorarla. En lugar de decir: "Sí, pero...", digamos: "Sí, y...". No supongas que una persona que está en desacuerdo contigo está en cierto modo no solo equivocada, sino que también es necia y mala.

He estado en reuniones donde los desacuerdos se volvieron demasiado personales y acalorados. En lugar de dejarlo correr e intentar navegar por las aguas agitadas, yo lo detuve y dije: "Regresaremos al problema en unos minutos, pero antes de eso hablemos sobre lo que está sucediendo en la sala en este momento". Entonces pasé tiempo enseñando a las personas sobre cómo tener desacuerdos saludables que edifiquen al equipo en lugar de destruirlo. Cuando regresamos al problema que desencadenó el intenso debate, si las personas siguen violando las normas que yo acabo de darles, les digo: "Vamos a detenernos justo aquí. Podemos pensar en esto durante una semana. Quizá la próxima vez podamos tener una conversación muy sincera sin el bagaje adicional de la culpa y la sospecha. Pero antes vamos a dialogar sobre los valores de humildad, escucha y respeto. Si no entendemos bien eso, no podemos tener conversaciones sinceras. Lo único que haremos será manipularnos unos a otros, y no estoy dispuesto a que sigamos haciendo eso".

Brian King, analista y consultor empresarial, observa:

> Preguntemos a cualquier gran líder empresarial sobre el proceso que condujo a algunas de las mejores y más importantes decisiones tomadas, y probablemente oiremos sobre los argumentos, desacuerdos y discusiones acaloradas entre el equipo de liderazgo, todo lo cual condujo a decisiones finales y un curso de acción. Recuerdo varias de esas ocasiones también en mi empresa, y las veces que tuve que recordarme a mí mismo tolerar, considerar y aceptar los desafíos y las preguntas sobre mi opinión y mis decisiones.[13]

> ***LOS GRANDES LÍDERES INVITAN A LAS PERSONAS A DESAFIAR SUS IDEAS, PERO NO CEDEN PARA ADOPTAR LAS CONVICCIONES DE CADA PERSONA DEL EQUIPO.***

En empresas, iglesias, organizaciones sin fines de lucro y familias, la uniformidad no es una meta digna. Los grandes líderes invitan a las personas a desafiar sus ideas, pero no ceden para adoptar las convicciones de cada persona del equipo. Estos líderes son lo bastante seguros para recibir el desacuerdo, y tienen las habilidades suficientes para hacer que produzca un resultado que mueva a la organización o la familia hacia delante y haga que cada persona involucrada se sienta valorada. Cierta medida de desacuerdo es una tensión ineludible a la hora de liderar a personas.

EL EQUIPO Y LOS INDIVIDUOS

Los líderes viven en la tensión entre lo que es mejor para el equipo y lo que es mejor para un individuo en el equipo. A veces se da una tarea a cada uno, pero con frecuencia se delega a una sola persona que conduce los recursos para alcanzar la meta.

Durante años he enseñado a los líderes que sus sistemas son como mínimo tan importantes como las personas que están en sus equipos. El sistema es el modo en que funciona el equipo: cómo se organiza, cómo toma decisiones, cómo desempeña esas decisiones, cómo comunica, y cómo obtiene retroalimentación precisa. El sistema es el vehículo que los miembros del equipo conducen hacia sus objetivos.

La gráfica siguiente muestra los puntos de tensión entre sistemas y miembros del equipo:

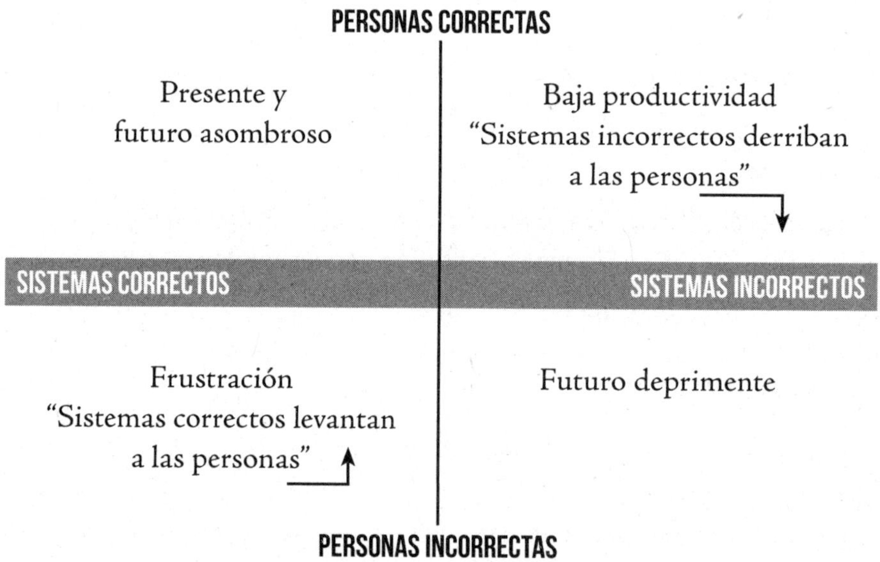

- Los sistemas y personas correctos trabajan en armonía y son muy productivos.
- Los sistemas correctos levantan a las personas.
- Los sistemas incorrectos derriban a las personas.
- Los sistemas y personas incorrectos dan como resultado un choque de trenes.

La mayoría de nosotros en empresas, la iglesia, u organizaciones sin fines de lucro necesitamos analizar nuestros sistemas con mucho más rigor. Vivimos con ellos año tras año porque son parte de la historia de nuestras organizaciones, "el modo en que siempre hemos hecho las cosas", pero quizá no sean tan eficaces como podrían ser. Seremos sabios en no dar nada por sentado, en leer, estudiar, contratar a un consultor, y hacer todo lo necesario para refinar o reconstruir nuestros sistemas de operaciones para que sean más eficaces.

Y necesitamos mirar largo y tendido los nombres de la gráfica organizacional. A medida que las organizaciones crecen, algunas personas crecen en su capacidad y habilidades; pero muchos no pueden mantenerse a la altura de las responsabilidades añadidas. No necesariamente tenemos que despedir a personas, pero tal vez necesitemos reubicarlos hacia un puesto donde sus talentos y capacidad encajen en la organización. Esas son decisiones difíciles, pero es una tensión que toda organización enfrenta.

La solución no es enfocarnos en una cosa o la otra, en sistemas o equipo de personal, sino tener la valentía de hacer las preguntas difíciles en cuanto a ambos.

FAMILIAR Y DISTANTE

Cuando una organización crece, el líder alcanza los límites de la familiaridad en las relaciones. Un pastor o líder empresarial puede que reconozca las caras y recuerde los nombres de unas cien o incluso doscientas personas, pero más allá de ese punto, las caras y los nombres se desdibujan. Eso no es un error; es solamente una realidad. Algunos líderes se sienten tan incómodos con este hecho, que nunca quieren crecer por encima del círculo de personas que conocen y que llaman amigos o colegas. Más allá de ese punto, los líderes necesitan evaluar prácticamente todo lo que hacen para asegurarse de que alguien (aparte de ellos) esté cubriendo las necesidades de quienes están fuera de su círculo. Cada elemento del sistema, los protocolos, la estructura y las personas en reuniones, los procedimientos estándar operativos, los reportes, y el equipo de liderazgo, necesita escrutinio y ajustes.

Con el crecimiento llega el retroceso inevitable. En las empresas, proveedores y clientes que han disfrutado de una atención personal del dueño se preguntan por qué ahora les contacta otra persona. A medida que crece una iglesia, las personas que se sentían cercanas al pastor puede que descubran que ya no están *en el círculo*. Se quejan: "Él solía venir a nuestra barbacoa del 4 de julio, pero ahora ya no viene". "Él solía oficiar todas las bodas, pero ahora lo hace en solo algunas". "Yo solía tener su número de teléfono y podía llamarlo en cualquier momento, pero cambió de número y no me lo dio". Quieren tener el mismo nivel de familiaridad que disfrutaban en el pasado, y están decepcionados porque ya no es así. Algunos clientes y congregantes se van, lo cual es parte del precio del crecimiento.

> ***ES MUY DIFÍCIL PARA ALGUNOS EMPRENDEDORES Y PASTORES VER A SUS ORGANIZACIONES CRECER POR ENCIMA DEL PUNTO EN QUE ELLOS ESTÁN INVOLUCRADOS EN CADA DECISIÓN Y PARTICIPAN EN CUBRIR CADA NECESIDAD.***

Es muy difícil para algunos emprendedores y pastores ver a sus organizaciones crecer por encima del punto en que ellos están involucrados en cada decisión y participan en cubrir cada necesidad. Su reto es cambiar de estar en el rol principal de pastorear y pasar al rol muy distinto de un ejecutivo. A medida que cambian los sistemas, ellos también tienen que cambiar. En esto no hay correcto e incorrecto: es perfectamente aceptable que los líderes decidan mantener sus organizaciones con un tamaño que puedan manejar sin un cambio importante. Actualmente, los líderes que son famosos y se les pide que hablen en eventos son pastores de mega iglesias y empresarios que han construido una empresa grande, y todos se comparan con ellos de modo claro o encubierto. Por esta razón, muchos líderes sienten una presión enorme para abandonar los dones de pastoreo que Dios les ha dado para competir con esos líderes destacados que, en realidad, son un caso aparte en sus campos.

Los líderes, y especialmente los pastores, pero también los padres, viven en la tensión entre familiaridad y distancia: no pueden acercarse demasiado o pierden su autoridad, pero tampoco pueden alejarse demasiado o perderán su conexión sincera con las personas.

TRES OPCIONES

No puedo contar el número de veces que un líder me ha contado una historia sobre un problema en las relaciones, en el trabajo o en el hogar, y ha terminado preguntando: "Sam, ayúdame. ¿Qué puedo hacer al respecto?".

Es una gran pregunta, una que todos nosotros planteamos instintivamente cuando nos metemos en momentos difíciles en las relaciones. Creo que tenemos tres opciones:

1. ACEPTAR LA TENSIÓN

Como hemos visto hasta aquí en este libro, la tensión no es el enemigo... al menos, no tenemos que verla de ese modo. Algunos de nosotros creamos caos para controlar a las personas, y muchos otros evitan el conflicto a toda costa porque les hace sentir muy incómodos. Una opción (una que muchas personas no consideran) es vivir con la tensión, aceptarla como una realidad inevitable. Si esperamos que la vida sea ordenada y cada elemento esté siempre en los compartimientos correctos, ¡estaremos profundamente angustiados cuando nos casemos y tengamos hijos! Cierto nivel de tensión es simplemente parte de la vida, y seremos sabios en aceptar eso.

2. RESOLVER LA TENSIÓN

Cuando el conflicto, el estrés o el caos esté *por encima de la línea roja*, es momento de intervenir y al menos bajar el nivel hasta que sea un nivel aceptable. En esas ocasiones nos corresponde a nosotros hacer todo lo posible por involucrar a la persona, compartir nuestras preocupaciones, escuchar bien, escuchar todavía más, y buscar maneras de avanzar. Pero voy a ser claro: resolver la tensión no es actividad de una sola persona.

Ambas personas, o *todos* los involucrados si son más de dos, necesitan estar dispuestas a participar, comunicar, escuchar y avanzar. Si la otra persona se niega, entonces es su culpa, y no tuya. Sin duda, no toda la tensión es interpersonal. Podemos experimentar dificultades en la salud, las finanzas, la lucidez mental, y muchas otras fuentes posibles de tensión. Algunas de ellas no pueden resolverse, pero tal vez podamos limitar el daño con soluciones creativas y compasivas.

3. USAR LA TENSIÓN

Las mejores lecciones se aprenden en el crisol de la dificultad. Estos momentos causan que fluya nuestra adrenalina, nuestra mente se agudiza, y crece nuestra determinación. Podemos usar estos momentos llenos de estrés como *oportunidades de aprendizaje* para nosotros y para las personas que nos observan, pero nos perderemos estos momentos si estamos inmovilizados por el enojo o el temor. Usar la tensión requiere que demos un paso atrás, respiremos profundamente, y hagamos un análisis meticuloso. Solamente entonces veremos las oportunidades de oro que están ocultas en las dificultades.

Las relaciones son el pegamento que mantiene juntas a las familias y las organizaciones, y son el cimiento de estabilidad para que las personas puedan ser lanzadas a un futuro mejor. Experimentamos tensiones inevitables, incluso en nuestras relaciones más fuertes. Seremos sabios en reconocerlas y usarlas para hacer que las conexiones sean más fuertes aún.

PARA PENSAR:

1. ¿Has estado alguna vez en un equipo o en una familia donde una persona dominaba la atención de todos al ser negativa y crítica? ¿Cómo afectó esa persona a otros, especialmente a ti?
2. ¿En quién estás invirtiendo tu vida para ayudarle a llegar a ser un influyente? ¿Cuál es tu esperanza para esas personas?
3. ¿Quién es un líder o padre que conoces y que ajusta su comunicación a las personas que necesitan más retos y a quienes necesitan un ritmo con menos presión? ¿Cómo te va con esta tensión en tus relaciones?
4. ¿Cuáles son algunas maneras en que responden las personas cuando se sienten atacadas personalmente en los desacuerdos? ¿Cuál es un principio de esta sección que puedes aplicar en los desacuerdos con personas en tu familia y en tu equipo?
5. Si eres un líder en una iglesia o negocio, o si eres padre o madre, ¿cómo describirías el efecto de tus sistemas (comunicación, proceso de toma de decisiones, reporte, etc.) sobre las personas que lideras? ¿Qué necesita cambiar, si es que hay algo?
6. Es ciertamente posible para cualquiera de nosotros familiarizarnos demasiado o estar demasiado distantes de las personas que nos rodean. ¿Cómo podemos saber si estamos demasiado lejos de un modo o el otro?

PARA APLICAR:

- A medida que leíste este capítulo, ¿qué tensiones descritas aquí te recordaron tus experiencias?
- ¿Cómo respondiste en ese momento?
- ¿Cómo quieres responder la próxima vez?
- ¿A quién conoces que esté experimentando una tensión similar hoy?

- ¿Cómo puedes ayudar a esa persona a aceptar la tensión, resolver la tensión, o usar la tensión para estimular una solución innovadora?

3

NO PUEDES ESCAPAR

La creatividad surge de la tensión entre
espontaneidad y limitaciones.
—Rollo May

Hace años cuando yo lideraba una organización, mi equipo ejecutivo estaba formado por cinco vicepresidentes. Utilizo el término *equipo* con cautela porque nuestras reuniones tenían múltiples dramas en desarrollo al mismo tiempo. Dos de las personas en nuestro equipo entraban a menudo con una tensión obvia entre ellas. Tenían un largo historial de resentimiento mutuo que en raras ocasiones ocultaban. Otra persona había estado sufriendo una grave enfermedad por más de un año. Se entregaba a sus labores con todo lo que tenía, pero comprensiblemente estaba tan preocupado con su enfermedad que nunca sabíamos si su mente estaba plenamente con nosotros. Los otros dos eran líderes *alfa*, que siempre tenían la respuesta correcta, siempre podían alcanzar la meta, y nunca cometían un error (al menos según su perspectiva). Yo valoraba sus talentos y tenacidad, y lograban hacer muchas cosas, pero su insistencia en ser el jefe principal a menudo hacía enojar a los demás... incluido yo mismo.

Suena a mucha diversión, ¿no es cierto?

Por cada punto en nuestra agenda cada semana, yo tenía que anticipar cómo respondería cada persona, no solo a la idea, sino incluso más el uno al otro. Había juegos de poder dentro de juegos ofensivos. Además, cada uno llevaba la presión de las expectativas de su propio equipo. A menudo les prometían ciertos resultados de nuestras discusiones, de modo que eran cualquier cosa menos objetivos cuando hablábamos de las complejidades de cada tema.

Eran devotos del estatus quo y a menudo se resistían ferozmente a la innovación. Ahora se me conoce, y también se me conocía entonces, como un emprendedor. Mis ideas a menudo los sacudían, incluso cuando yo explicaba detalladamente los conceptos, los beneficios, y el proceso de implementación.

Pero había otro factor que complicaba las reuniones de nuestro equipo y causaba que el nivel de tensión aumentara: las alianzas. En los temas más importantes, estos cinco hombres formaban asociaciones para fomentar sus ideas y torpedear a quienes tenían una agenda diferente; y las alianzas cambiaban dependiendo de cuál fuera el tema. Algunos de ellos parecían ser muy tradicionales en sus puntos de vista del liderazgo, siguiendo estrictamente los protocolos aceptados de la industria para tomar decisiones e implementarlas, pero otros eran impacientes con este laborioso proceso. Las alianzas podían formarse en torno a un principio, un concepto, un programa, o una persona que mostrara potencial o estuviera demostrando ser un problema.

Pronto me di cuenta de que, para estos cinco vicepresidentes, cada reunión era en realidad tres reuniones: la reunión antes de la reunión cuando ellos formaban sus alianzas, la reunión en sí cuando las personas aliadas se apoyaban y defendían mutuamente, y la reunión tras la reunión con sus aliados para tramar cuáles serían sus pasos siguientes. Con mucha diferencia, la más importante de las tres era la reunión antes de la reunión, cuando estaban trazando su plan de batalla. No me tomó mucho tiempo formar una hoja de cálculo mental para mantener un registro de cómo esperaba que respondiera cada persona a cada tema en cada reunión de equipo. Parecía necesario, pero era agotador.

EN CUALQUIER ORGANIZACIÓN, PRESTA ATENCIÓN A "LA REUNIÓN ANTES DE LA REUNIÓN", CUANDO SE FORMAN ALIANZAS Y SE TRAZAN PLANES DE BATALLA.

Yo no soy el único que aprendió a anticipar la respuesta de cada persona a cada punto. Nuestras reuniones se convirtieron en una partida de ajedrez que se jugaba sobre un tablero con seis individuos, pero casi siempre con parejas jugando juntas contra el resto.

Aprendí que a menudo era contraproducente pedir votaciones sobre los asuntos. En cambio, yo buscaba *el sentir de la sala*. Pasaba mucho tiempo dando indicaciones a cada persona sobre cómo yo esperaba que comunicaran las decisiones. Sabía que podían decir las palabras adecuadas, pero con un tono que comunicaba que estaban en contra de esas decisiones.

Como el líder, yo sentía mucha presión para hacer avanzar la organización. Tenía planes y sueños, y estos cinco hombres eran mi equipo. Por mucho tiempo, demasiado tiempo, intenté mantener contentos y productivos a todos en el equipo sin abordar *el elefante en la sala*. Sabía que si decía: "Oigan, hablemos de lo que está sucediendo aquí", habría reacciones feroces, se pondrían a la defensiva y en modo autojustificación. En otras palabras, las cosas empeorarían todavía más.

Al mirar atrás ahora a ese periodo recuerdo que, durante un tiempo, me preguntaba si la tensión era un resultado de mi mal liderazgo. Quizá yo no sabía liderar reuniones como aquellas, o tal vez esa situación era categóricamente diferente a cualquier otro ámbito. Quizá nuestras políticas estaban desfasadas y el estrés interpersonal era un resultado de que nuestras políticas administrativas se habían quedado atrás. Pero en un momento crucial me di cuenta de que estaba empleando mucho tiempo en intentar gestionar las agendas en competencia de aquellos cinco vicepresidentes, y mi preocupación por sus probables reacciones consumía mis pensamientos mucho más allá de las reuniones en sí.

Finalmente tuve la perspectiva y la valentía para abordar el problema. En una reunión de equipo en particular, una que no era diferente al resto a excepción de que yo estaba decidido a declararles la verdad, reconocí a los hombres la defensa apasionada de sus ideas, la defensiva de otro, y las alianzas obvias que ya se habían formado antes de esa conversación, y dije: "Vamos a detenernos en este momento. ¿Qué está sucediendo en esta reunión?".

Hubo un silencio muy incómodo.

UN MEJOR ÁNGULO

Muchas personas ven la tensión como una amenaza. Sienten que su nivel de adrenalina aumenta, sus emociones se vuelven más intensas, y sus pensamientos a menudo se nublan en el momento mismo en que necesitan mayor claridad. No tiene por qué ser así. Necesitamos ver la tensión desde un ángulo distinto para que funcione a nuestro favor, en lugar de hacerlo en contra.

Si creemos que la vida óptima debería estar totalmente vacía de tensión, quedaremos confusos, defraudados y resentidos hacia aquellas personas y eventos que interrumpen nuestra perfecta paz. Como líderes y padres, nuestra meta no es aliviar todas las tensiones, sino, en cambio, utilizarlas de modo constructivo.

Podemos definir la tensión de diversas maneras. Algunos la definen negativamente:

- Tensión es el resultado inevitable cuando las personas se sienten inseguras, desempoderadas, culpadas o ignoradas.[14]
- Cuando las cosas se sienten tan apretadas que podrían resquebrajarse.[15]
- Pero también podemos considerarla neutral o positiva:
- Tensión es el balance entre puntos de vista igualmente válidos, y el conflicto es lo que se produce al perder ese balance.[16]
- "Tensión creativa" es la sensación o el proceso que todos atravesamos para llegar desde el punto A hasta el B y lograr nuestras metas creativas.[17]

Con el tiempo, llegué a estar menos confuso cuando encontraba tensiones, y desarrollé la capacidad de utilizarlas de maneras positivas, saludables y productivas, en lugar de permitir que erosionaran mi confianza, me robaran la energía, y redujeran la eficacia de un equipo. Ahora, cuando veo tensión me vuelvo más reflexivo, y escucho más de lo que defiendo mis posturas. Escucho lo que se dice, y también lo que no se dice. Observo el lenguaje corporal para ver si valida o está en conflicto con las palabras de la persona. Mis postes se han movido, desde controlar y reducir la tensión a entenderla y utilizarla. Desde esta perspectiva, la tensión ya no es el enemigo; es un camino hacia una mayor perspectiva, relaciones más fuertes y mejores resultados.

> ***CUANDO ENTENDEMOS Y UTILIZAMOS LA TENSIÓN, ES UN CAMINO HACIA UNA MAYOR PERSPECTIVA, RELACIONES MÁS FUERTES Y MEJORES RESULTADOS.***

En la organización con los cinco vicepresidentes, mi nueva perspectiva de la tensión dio a nuestro equipo un conjunto nuevo de normas.

En cierto sentido se volvió más seguro expresar los desacuerdos porque era perfectamente aceptable tener distintos puntos de vista, pero los desafiaba cuando veía que ellos formaban alianzas, demandaban que las cosas se hicieran a su manera, y mostraban conductas de autoprotección. Dejamos a un lado el tablero de ajedrez y fuimos más sinceros acerca de nuestras anteriores agendas no declaradas, pero muy reales.

Comprendí que la tensión es normal, neutral y natural. No debo tenerle miedo, no necesito suponer que tengo algún error cuando la enfrento, y no tengo que hacer que mi meta principal sea aliviarla. Si mi meta es eliminar la tensión, me enfocaré en apaciguar a las personas en lugar de liderarlas. Con estas perspectivas tengo un rango muy amplio de opciones. En la mayoría de los casos puedo *utilizar* la tensión para estimular la creatividad, pero también puedo escoger *confrontar* la tensión si persiste entre personas, o puedo *ignorar* la tensión si siento que alguien simplemente está teniendo un mal día.

Hace años atrás, mi esposa Brenda y yo subimos a lo más alto de la Space Needle en Seattle, Washington, para celebrar nuestro primer aniversario de boda y tuvimos una hermosa cena en el restaurante que gira. Disfrutamos de las vistas de la ciudad, el Monte Rainier y Puget Sound. Era un día de mucho viento… al menos era ventoso a una altitud de seiscientos pies. Se notaba mucho que el restaurante se movía con el viento, y estábamos algo más que un poco nerviosos. Cuando llegó el camarero, le pregunté: "Perdone. Sentimos que el viento está moviendo la Space Needle. ¿Es… normal?". Mi verdadera pregunta era: "¿Está usted tan asustado como nosotros?".

Él sonrió. "Sí, es totalmente normal", aseguró. "Los ingenieros lo construyeron de tal modo que se moviera para que no se rompa y se derrumbe".

Aquello fue consolador... en cierto modo. Pero él tenía razón. Los ingenieros estructurales incorporan puntos de tensión en puentes y otros edificios para tener en cuenta el viento, las variaciones de temperatura y los movimientos de la tierra, especialmente los terremotos.

Para nosotros también, reconocer y utilizar nuestros puntos de tensión realmente puede producir estabilidad y fortaleza. ¡Y puede evitar que nos derrumbemos!

SIN EXCEPCIONES

¿Quién necesita una perspectiva más positiva de la tensión? *Todos nosotros*. ¿Cuándo la necesitamos? Todo el tiempo, en cada relación. Las parejas pueden usar la tensión inevitable de las metas en competencia para acercarse más, en lugar de crear división entre ellos. Los padres pueden utilizar los desacuerdos con sus hijos para fomentar la comprensión, en lugar de resentimiento y aislamiento. Los miembros de equipos pueden aprender a aprovechar la tensión entre ellos para producir mejores ideas y mayor armonía. Los líderes pueden crear una tensión saludable que saque lo mejor de cada persona en lugar de permitir que la sospecha y la desconfianza creen un ambiente tóxico.

> ***CUANDO UNA FAMILIA, UN EQUIPO EJECUTIVO, UN DEPARTAMENTO, O GRUPO DE ESTUDIO BÍBLICO UTILIZA LA TENSIÓN PARA ESTIMULAR ABUNDANTES CONVERSACIONES Y CRECIMIENTO, PUEDEN SUCEDER COSAS ASOMBROSAS.***

Cuando una familia, un equipo ejecutivo, un departamento, o grupo de estudio bíblico utiliza la tensión para estimular abundantes conversaciones y crecimiento, pueden suceder cosas asombrosas. Pero solamente se necesita una persona en estos entornos para lanzar una llave inglesa a la maquinaria. El peligro está en que alguien reaccione intentando reducir la tensión porque se siente muy incómodo; que se oculte emocional o físicamente para evitar los sentimientos desagradables; o que domine a otros para eliminar la sensación de estar fuera de control. Pero sin duda alguna, si las personas en la familia, el equipo o el grupo han desarrollado la habilidad de utilizar la tensión de manera creativa, no morderán el cebo de unirse a una alianza. Abordarán la situación con valentía y amor de modo que la persona confusa o molesta tenga una oportunidad de aprender y crecer.

A menudo cometemos uno de dos errores a la hora de tratar con personas que responden a la tensión apaciguando, escondiéndose o dominando: o bien decimos muy poco, o decimos demasiado. Decimos muy poco cuando hablamos sobre cualquier cosa y todo, a excepción de la tensión poco saludable que hay en la sala. Podemos afirmar que queremos ser *mansos como palomas* y *no mover la barca*, pero nuestra falta de claridad deja preocupadas al resto de las personas pensando que no vemos lo que ellos ven, o si saben que lo vemos, somos demasiado cobardes para hacer nada al respecto.

Pero algunos de nosotros estamos en el otro extremo de la línea continua: decimos demasiado. He descubierto que, si alguien reacciona por carácter en una reunión, por lo general no tengo que intervenir para confrontarlo. Esa persona probablemente necesita más consuelo que corrección. Cuando ajusto mis palabras y acciones para comunicar comprensión y apoyo, la mayoría de las veces la persona se disculpa y se convierte otra vez en un miembro productivo del equipo.

RELACIONES IMPORTANTES

Examinemos brevemente cómo experimentamos tensión en nuestras relaciones más importantes:

PAREJAS

Las parejas tienen tensiones normales en torno a problemas muy comunes, incluyendo cómo manejan el dinero, sus relaciones con la familia política, y la crianza de sus hijos. En muchos casos tienen puntos de vista diferentes, e incluso contrarios. Esas cosas pueden convertirse en campos de batalla, o también pueden volverse gimnasios donde las relaciones se fortalecen.

FAMILIAS

Las familias experimentan tensión de innumerables maneras: preferencias de comidas, deportes, tiempo, atención, estilo y frecuencia de comunicación, juegos, vacaciones, y desempeño escolar. Incluso decisiones aparentemente sencillas sobre dónde ir de vacaciones pueden hacer surgir deseos contrarios relacionados con la comodidad, los servicios y el costo. Las etapas de la vida familiar crean diferentes tensiones. Los psicólogos han identificado varias etapas en el ciclo de vida de las familias, pero para nuestros propósitos nos enfocaremos en tres de ellas:

- El *inicio* de una familia es el cortejo y la boda, incluidos los años antes de que nazca el primer hijo. En esta etapa, la pareja tiene que aprender a capear las diferencias en el modo en que emplean su tiempo y su dinero, y necesitan solucionar sus preferencias diferentes en multitud de decisiones.
- La etapa de *expansión* consiste en los años entre el momento en que nacen los hijos y cuando dejan el nido. Estos años están llenos de esperanzas y sueños, presiones de tiempo, y ajustes en las expectativas. Cada nuevo nacimiento no añade solamente un único conjunto de tensiones; multiplica las tensiones por toda la matriz de la familia.
- La etapa de *contracción* es una etapa de celebración y sufrimiento. Puede que los padres tengan que redefinirse a sí mismos y su relación cuando los hijos ya se han ido, los hijos adultos tal vez requieren más ayuda de la esperada, los errores financieros al principio del matrimonio pueden crear ahora preocupaciones a medida que se acerca la jubilación, quizá se multiplican los problemas de salud, y cuidar de padres ancianos tal vez se suma a las tensiones que experimenta la pareja. Y, sin embargo, la pareja de mayor edad puede tener una satisfacción inmensa cuando ven a sus hijos y nietos prosperar.

Muchas familias viven con las difíciles realidades del divorcio. La palabra está cargada de significado porque da a entender una interrupción radical de la relación más atesorada. El daño va mucho más allá de la familia nuclear y tiene efectos en cadena sobre los amigos, quienes sienten con frecuencia que necesitan tomar partido, y sobre los padres o hermanos de la pareja, quienes puede que culpen a una parte y exoneren a la otra (y no siempre a quien podríamos esperar). Los hijos, independientemente de sus edades, sienten la peor parte del caos y necesitan maneras de procesar sus fuertes sentimientos.

Un estudio importante sobre los puntos de tensión en la familia y la carrera profesional asignaba puntuaciones a las causas de tensión basándose en el impacto que tenían sobre los participantes en el estudio. El punto de partida era la muerte de un cónyuge con 100 puntos. Los otros *sospechosos usuales* eran el divorcio con 73 puntos, ser encarcelado con 63, y ser despedido del trabajo con 47. Pero otros eventos de la vida que se consideran muy positivos también creaban importantes niveles de tensión: el matrimonio con 50 puntos, la jubilación con 45, el nacimiento de un hijo con 39, un logro personal destacado con 28. Los autores del estudio concluyen: "Notablemente, se produce poco desacuerdo sobre estos valores entre los evaluadores que difieren en edad, sexo, estado civil, educación académica, clase social, raza y credo. Además, hubo un acuerdo sustancial entre personas de distintas culturas. Suecos, daneses, japoneses y norteamericanos parecían considerar de maneras parecidas el impacto de los cambios en la vida".[18]

LAS FUENTES DE TENSIÓN NOS GOLPEAN A TODOS PRÁCTICAMENTE DE LAS MISMAS MANERAS Y CON LA MISMA FUERZA, E INCLUSO LOS EVENTOS MÁS POSITIVOS CREAN UNA TENSIÓN IMPORTANTE.

En otras palabras, las fuentes de tensión nos golpean a todos prácticamente de las mismas maneras y con la misma fuerza, e incluso los eventos más positivos crean una tensión importante.

La investigación que reporta el Instituto Americano del Estrés es alarmante. Por ejemplo, el 77 por ciento de las personas "experimenta regularmente síntomas físicos causados por el estrés", el 73 por ciento "experimenta regularmente síntomas psicológicos" como depresión y ansiedad, el 76 por ciento "citaba dinero y trabajo como las causas principales de su estrés", y el 48 y por ciento "reportaba no poder dormir por la noche debido al estrés".[19] (El Instituto ofrece una evaluación de estrés gratuita en: www.stress.org/self-assessment).

Aunque necesitamos aceptar el hecho de que la tensión es parte de la vida, la pasividad no es el remedio. Especialmente en nuestras relaciones más importantes, necesitamos dar pasos de manera asertiva y sabia para resolver la tensión: hablar, escuchar, escuchar incluso más, perdonar, y encontrar un modo de avanzar. Sin embargo, cuando se resuelve la tensión actual, enfrentamos el siguiente conjunto de tensiones cuando preguntamos intuitivamente: "¿Qué es lo siguiente en la relación?".

TRABAJO O IGLESIA

En el trabajo o en la iglesia, como miembro del equipo o voluntario, provenimos de diferentes trasfondos y distintas metas, y con frecuencia tenemos planes ocultos, incluso ocultos para nosotros mismos. Si no tenemos cuidado, podemos desarrollar el hábito de reaccionar agradando, ocultándonos o dominando, construyendo alianzas o intentando manipular a otros para conseguir lo que queremos. Una perspectiva mejor de la tensión disminuye nuestra presión sanguínea y nos hace ser menos reactivos y más optimistas, afirmar más a las personas que están en desacuerdo con nosotros, y ser más comprensivos con sus puntos de vista.

En lugar de reaccionar con resistencia, autoprotección y autopromoción, aminoramos la marcha, hacemos buenas preguntas y nos convertimos en personas que saben escuchar. Somos más accesibles y nos deleitamos cuando otros son exitosos. Nos convertimos en *portadores de marca* para la organización a medida que reformulamos los desafíos como oportunidades, buscamos ventajas en cada situación, y pasamos a la acción en lugar de desperdiciar tiempo culpando a otros.

PARA PENSAR:

1. ¿Cuáles son algunas situaciones y relaciones en las que experimentaste un importante nivel de tensión? ¿Cómo respondiste a cada una de ellas?
2. ¿Cómo definirías la tensión?
3. ¿Qué daño hace esperar vivir una vida libre de tensiones? ¿Conoces a alguien que tenga esta expectativa? ¿Cuáles son los resultados?
4. ¿Cuáles son algunas tensiones que has experimentado de eventos positivos? ¿Esperabas la intensidad del estrés que surgió de la tensión no resuelta? ¿Cómo lo manejaste?
5. ¿Qué diferencia supondría para ti ver la *tensión creativa* como un beneficio en lugar de una amenaza?
6. ¿Cuál es tu esperanza de la lectura de este libro?

PARA APLICAR:

- Al leer el capítulo, ¿qué tensiones descritas aquí te recordaron tus experiencias?
- ¿Cómo respondiste en aquel momento?
- ¿Cómo quieres responder la próxima vez?
- ¿A quién conoces que esté experimentando actualmente una tensión similar?
- ¿Cómo puedes ayudar a esa persona a aceptar la tensión, resolver la tensión, o utilizar la tensión para estimular una solución innovadora?

4

ES TU DECISIÓN

No solo debes aprender a vivir con la tensión, debes buscarla.
Debes aprender a prosperar con el estrés.
—J. Paul Getty

Me crié en Lucknow, una ciudad en la parte norteña de India. Mis padres tenían grandes esperanzas para mí. Mi papá era un respetado pastor y quería darme la mejor educación académica como una plataforma de lanzamiento para el resto de mi vida. Empleó más de un cuarto de sus ingresos para enviarme a estudiar a St. Francis High School, una prestigiosa escuela católica parroquial.

Fracasé en el décimo grado. De hecho, fracasé en cada clase aquel año. Siempre que un amigo me pedía que me saltara las clases para ir a divertirnos, yo estaba más que preparado para hacerlo. Cada mañana me vestía y salía de mi casa con mis libros, pero con mucha frecuencia no llegaba a pasar por la puerta de la escuela. Aseguraba a mis padres que me iba bien en la escuela. Al final de cada trimestre me daban un reporte para que se lo mostrara a mis padres. Milagrosamente, las calificaciones con F (de suspenso) se convertían en A (de sobresaliente) antes de que ellos vieran la tarjeta de reporte. Pensaban que me iba excepcionalmente bien, y estaban contentos.

Finalmente, todo se desmoronó. Mi última tarjeta de reporte tenía la fila usual de F en cada asignatura, de modo que tendría que repetir el curso. Yo no podía librarme de esa situación mintiendo, de modo que me llevé a casa la tarjeta y se la mostré a mis padres. Ellos esperaban ver la brillante evidencia de excelencia académica, pero cuando miraron la tarjeta de reporte, sus sonrisas se convirtieron en asombro. Necesitaron un rato para asimilar todo aquello, pero enseguida entendieron la amarga verdad, y quedaron humillados.

India es una cultura de vergüenza y honor, de modo que los actos de cada miembro de la familia se reflejan en todos los demás. Y las malas noticias viajan muy rápido: poco después, todos nuestros vecinos sabían que yo había fracasado y que tendría que repetir el décimo grado. Yo había causado una vergüenza tremenda a mi familia, especialmente a mi padre. En India, el éxito o fracaso de una persona influye en la reputación de toda la familia, y es una deshonra que a menudo permanece durante generaciones. Al final de ese año, las personas consideraban a mi padre y a su iglesia bajo una percepción diferente y más oscura. Además de la vergüenza, mi padre se había sacrificado para pagar mis estudios en la escuela, y todo ese dinero había sido desperdiciado.

Mis padres no querían que me quedara en St. Francis y repitiera el décimo grado. Todos en la escuela lo sabrían, y hablarían; todos en nuestra comunidad lo sabían, y ya estaban hablando. Unos meses después me matriculé en otra escuela diferente, pero ese año mis afirmaciones de que me iba bien en las clases se encontraron con un comprensible escepticismo y multitud de preguntas penetrantes sobre mis hábitos de estudio, asistencia a las clases, y calificaciones.

¿Conozco algo sobre la tensión? Sí, tengo cierta experiencia con ella. En aquel momento en mi vida, las cosas se veían muy lúgubres. Yo había causado deshonra a mi familia, que era lo peor que podía hacer un joven. Si alguien se hubiera acercado a mí en aquella época y me hubiera dicho: "Sam, un día serás el presidente de una universidad en los Estados Unidos", yo habría cuestionado su cordura, o habría preguntado: "¿Qué estás fumando?". Para mí, un destino de éxito era sencillamente inconcebible. La tensión que había creado para mí mismo parecía aplastante e inalterable.

> ***TRAS UN AÑO DE SALTARME LAS CLASES Y CAUSAR DESHONRA A MI FAMILIA, LA TENSIÓN QUE HABÍA CREADO PARA MÍ MISMO PARECÍA APLASTANTE E INALTERABLE.***

FUENTES Y COMPLEJIDADES

En este punto, algunos de ustedes que están leyendo este libro estarán pensando: **¡Vaya, me está leyendo la mente! Necesito estas perspectivas sobre la tensión en mi vida.** Pero otros están teniendo una reacción distinta. Estarán pensando: *Sam, no lo entiendes. Has hablado de "tensión creativa", ¡pero la tensión en mi vida me está matando! ¡No parece nada creativa!*

Ya hemos identificado un amplio rango de las fuentes de tensión: relaciones en el hogar, presiones en el trabajo, problemas de salud, luchas financieras, la agitación de criar hijos adolescentes, e incluso el estrés añadido de eventos muy positivos como nacimientos, graduaciones, y matrimonios. El problema es que las tensiones pueden multiplicarse y al final sentirse abrumadoras. La presión que encontramos puede llegar no solo de los problemas normales de ser personas con defectos que viven en un mundo caído, sino también de nuestras propias decisiones poco sabias, las decisiones necias de otras personas cercanas a nosotros y, especialmente, de expectativas poco realistas de que *la vida no debería ser tan difícil* o que *Dios me protegerá de los problemas*; y cuando Él no lo hace, podemos quedar hechos pedazos por la decepción.

Si nuestra mayor esperanza es estar totalmente libres de tensión, nuestra expectativa errónea multiplicará nuestras dificultades y nos hará estar profundamente desalentados. Pero si nuestra esperanza es ver a Dios utilizar la tensión para producir algo bueno, algo noble y algo de valor duradero, podemos tener la seguridad de que Él intervendrá... a su modo... y en su tiempo.

> ***SI NUESTRA ESPERANZA ES VER A DIOS UTILIZAR LA TENSIÓN PARA PRODUCIR ALGO BUENO, ALGO NOBLE Y ALGO DE VALOR DURADERO, PODEMOS TENER LA SEGURIDAD DE QUE ÉL INTERVENDRÁ.***

NUESTRAS DECISIONES DETERMINAN EL RESULTADO

Cada momento de cada día podemos escoger cómo responderemos a la tensión. Nuestras decisiones determinan si nos destruye o nos fortalece.

LA TENSIÓN DESTRUYE CUANDO...

TE SIENTES ENOJADO Y FRUSTRADO PORQUE NO PUEDES SOLUCIONARLO TODO.

Supones que puedes salir de la tensión pensando, y usas tu inteligencia y astucia para intentar mantenerte por encima de las cosas. Sin duda, no hay nada de malo en pensar y razonar, pero algunas personas creen que pueden pensar el tiempo suficiente y con la fuerza suficiente para aliviar toda la tensión que sienten.

PRESIONAS A LOS DEMÁS PARA QUE ACTÚEN COMO SI NO HUBIERA TENSIÓN.

Un líder de equipo le dice a su gente que salga de la sala con una sonrisa, aunque acaben de tener un desacuerdo declarado y violento. Una pareja entra en una fiesta agarrados de las manos y sonriendo, pero no se han dirigido la palabra entre ellos en toda la semana anterior.

TIENES "COMPLEJO DE SUPERMAN" Y SUPONES QUE PUEDES ENDEREZAR A CADA PERSONA Y CADA SITUACIÓN.

Muchas personas son *solucionadores compulsivos* que obtienen su autoestima de sus intentos de enderezar cada error y conseguir que los demás hagan lo correcto. A menudo aplaudimos a estas personas porque son *muy útiles*, pero pueden robar su dignidad a los receptores y evitar que aprendan a ser responsables.

USAS TÁCTICAS DE INTIMIDACIÓN PARA CONSEGUIR LO QUE QUIERES.

Algunas personas intentan manejar la tensión *haciéndose grandes*: hablando muy alto, con miradas amenazantes, y demandando conformidad a todos sus conocidos. Las personas que son las dianas de sus demandas *obtienen poco*, acobardándose y cediendo para evitar más ataques.

ESCAPAS PARA EVITAR LA TENSIÓN.

Para evitar pensar y sentir, las personas puede que vean horas y horas de televisión, lean, o hagan casi cualquier cosa para mantener la mente ocupada.

EVITAS TENER UNA OPINIÓN PORQUE TIENES TEMOR A QUE TE DIGAN QUE ESTÁS EQUIVOCADO.

Algunas personas se sienten abrumadas por la tensión opresiva que hay en sus vidas, e intentan lidiar con ello no teniendo opinión sobre nada. Afirmar su opinión los abriría a la crítica, y no pueden soportar eso.

TE ENOJAS PARA ATRAER ATENCIÓN Y QUE TE TENGAN LÁSTIMA.

Algunas personas juegan a ser la víctima, esperando que otros los atiendan y no les pidan que hagan nada difícil, como producir lo que es su responsabilidad.

TE AUTOMEDICAS PARA ANESTESIAR EL DOLOR.

Las personas pueden usar alcohol, drogas, juego, comida, o casi cualquier sustancia o conducta para enmascarar la tensión que no quieren enfrentar.

LAS PERSONAS TIENEN TEMOR A DECIRTE LA VERDAD PORQUE ERES DEMASIADO FRÁGIL O UN BRAVUCÓN.

La tensión que no se aborda con sabiduría y verdad puede hacer pedazos la confianza rápidamente mediante un arrebato violento, o erosionar lentamente la confianza mediante el aislamiento y la crítica. Los resultados de la falta de confianza son los extremos de ser frágil o ser un bravucón. En cualquiera de los casos, el mensaje para los demás es: "No me hables de nada importante. O me derrumbaré, o lo utilizaré contra ti".

TE SIENTES ATRAPADO PORQUE NO VES OTRA OPCIÓN.

Quizá el modo más común en que la tensión destruye es cuando las personas no creen que tienen opción para lidiar con ella. Sienten que son prisioneros en sus propios hogares y en el trabajo.

LA TENSIÓN FORTALECE CUANDO...

LA VES COMO UNA OPORTUNIDAD EN LUGAR DE UNA AMENAZA.

En lugar de ser catastrofista al instante, pensando: **¡El mundo se va a terminar!** es posible aminorar la marcha y preguntar: "¿Cuáles son algunos resultados positivos que pueden surgir de todo esto?". No los encontrarás si no los buscas.

TE VUELVES MÁS CONSCIENTE DE LOS SENTIMIENTOS DE LOS DEMÁS Y DE TU ENTORNO.

Cuando la tensión no es una amenaza, no sufrimos de visión de túnel. Nuestro rango de visión se amplía; nos volvemos más observadores, notamos palabras, tono de voz y gestos. Vemos cómo reaccionan otras personas entre sí. Nuestra meta ya no es que la tensión termine lo antes posible, sino utilizarla para bien en la vida de cada persona.

APRENDES A HACER AJUSTES EN EL MOMENTO.

Con tiempo y práctica, estamos más plenamente presentes en cada situación y conversación, y respondemos en el momento, en lugar de tener que pensar al respecto durante horas o días después de que ha pasado el encuentro crucial.

TE VUELVES MÁS SABIO, MÁS PACIENTE Y AMABLE.

Cuando reaccionamos a la amenaza percibida de un momento tenso con pelea, huida o paralización, nuestro enfoque está en protegernos a nosotros mismos o dominar a los demás. Cuando obtenemos una mejor perspectiva, aprendemos a observar la verdad que está por debajo de la superficie, somos pacientes en lugar de insistentes porque sabemos lo que es ser reaccionarios, y tenemos compasión por otros que están bajo el peso de la tensión multiplicada.

CONCEDES A LOS DEMÁS EL BENEFICIO DE LA DUDA.

A medida que aumenta nuestra confianza, ya no insistimos en tener siempre la razón. Valoramos las opiniones contrarias, y no nos sorprende cuando las personas las expresan con demasiada pasión o con demasiada vacilación.

ESCUCHAS ATENTAMENTE A LAS PERSONAS QUE ESTÁN EN DESACUERDO CONTIGO O SE OPONEN A TI.

Cuando nos sentimos estresados, solamente queremos alivio, ¡y lo queremos ahora! En estas circunstancias queremos que los demás nos escuchen, y ya no deseamos escucharlos a ellos. Pero a medida que aprendemos a utilizar la tensión para bien, escuchamos con atención a otros para entender sus conceptos, sus sentimientos y sus metas.

TU QUÍMICA CEREBRAL REFUERZA UN PATRÓN SALUDABLE DE RESPUESTAS.

Nuestro cerebro está formado con bucles de retroalimentación. Esto significa que los patrones poco saludables se repiten, pero la química cerebral también refuerza las conductas positivas. Un estudio de las Fuerzas Militares especiales mostraba que para muchos de los hombres y las mujeres en situaciones tensas como estar en combate, los químicos cerebrales realmente causan que su mente se ralentice para que puedan pensar con más claridad y actuar con mayor precisión. Un autor resume los descubrimientos: "En otras palabras, cuando el camino se pone difícil, podemos replicar la actividad cerebral de quienes actúan con más valentía adoptando su mentalidad: ver el lado bueno y pasar a la acción decisiva".[20] Probablemente pocos de nosotros estamos en la categoría de SEAL de la Marina, pero el punto es que nuestro cerebro está formado para reforzar nuestras decisiones.

TE VUELVES MÁS HUMILDE Y MENOS CELOSO.

La humildad, como dice la frase, no es pensar menos de ti mismo, es pensar menos en ti mismo. Cuando nos sentimos amenazados por la tensión, nos volvemos notablemente ensimismados, pero a medida que somos más sabios y fuertes en nuestra respuesta a situaciones llenas de tensión y personas difíciles, nos sentimos más seguros y menos apasionados por defendernos a nosotros mismos. Y tampoco sentimos la necesidad de competir derribando a los demás para elevarnos a nosotros.

TE CONVIERTES EN UN EJEMPLO ESTUPENDO PARA LAS PERSONAS QUE TE RODEAN.

Una de las motivaciones más poderosas para muchos de nosotros es entender que nuestras respuestas a la tensión afectan a las personas que nos rodean, especialmente a nuestros hijos, pero también a nuestro cónyuge, colegas y amigos.

> **POR AÑOS, LA MAYORÍA DE NOSOTROS HEMOS VIVIDO COMO SI NO TUVIÉRAMOS OPCIONES EN CUANTO A CÓMO REACCIONAMOS A SITUACIONES Y PERSONAS DIFÍCILES, PERO REALMENTE TENEMOS MUCHAS OPCIONES.**

NUESTRAS OPCIONES ABUNDAN

Por años, la mayoría de nosotros hemos vivido como si no tuviéramos opciones en cuanto a cómo reaccionamos a situaciones y personas difíciles, pero realmente tenemos muchas opciones. Cuando nos relajamos y nuestra mente está clara, *leemos la sala* y observamos lo que está sucediendo mejor que nunca.

Recuerdo una de las primeras veces que estuve en una reunión cuando alguien expresó emociones que eran desproporcionadas con respecto al tema del que estábamos hablando. Pensé: *Me pregunto de qué se trata todo eso.* Decidí intervenir. Interrumpí la diatriba de la persona y pregunté: "¿Querrías decirme qué te pasa en este momento? Tus emociones parecen ser bastante fuertes. ¿Me estoy perdiendo algo?".

Él quedó sorprendido de que yo respondiera haciendo preguntas en lugar de oponerme a él. Se dirigió a mí y gruñó: "Te lo diré. ¿Recuerdas lo que sucedió la última vez que probamos este enfoque? Yo fui quien se llevó la culpa porque otras personas no hicieron su trabajo".

Quizá él esperaba que todos, incluido yo mismo, nos sintiéramos intimidados por su acusación, pero yo le dije: "Cuéntame más sobre lo que sucedió".

Él se lanzó a expresar una historia detallada de lo que había sucedido y quién había fallado. Yo podía ver que otros en la sala se sentían acusados injustamente. En lugar de permitir que la reunión se convirtiera en una competencia de señalar culpables, le dije: "Gracias por darnos tu perspectiva. Lo agradezco". Me dirigí al grupo y pregunté: "Entonces, ¿qué podemos hacer la próxima vez para que sea más productivo?". En esta parte de la conversación, el hombre se calmó y realmente afirmó a varias personas en el equipo. Parece que estaba molesto y enojado porque tenía temor a que lo culparan a él otra vez por un resultado menos que estelar, pero cuando se sintió escuchado y entendido, su temor se evaporó. Al final de la reunión, todos habíamos acordado un plan, cada uno tenía una responsabilidad concreta, y quedó establecido nuestro calendario.

Si yo hubiera intentado ignorar el arrebato de enojo de ese hombre, probablemente él se habría molestado aún más, habría supuesto lo peor sobre mí y los otros en el equipo, y la confianza habría quedado gravemente erosionada. Si yo hubiera reaccionado explotando y poniéndolo a él en su lugar, los otros en el equipo podrían haberse sentido reivindicados... pero también podrían haberse preguntado si iban a ser mis siguientes objetivos. Utilizar la tensión obvia como un punto de inicio para una conversación sincera nos dio un lugar seguro para que todos se calmaran, se valoraran mutuamente, y encontraran un proceso para poder seguir avanzando.

> ***UTILIZAR LA TENSIÓN OBVIA COMO UN PUNTO DE INICIO PARA UNA CONVERSACIÓN SINCERA PROPORCIONA UN LUGAR SEGURO PARA QUE TODOS SE CALMEN, SE VALOREN MUTUAMENTE, Y ENCUENTREN UN PROCESO PARA PODER SEGUIR AVANZANDO.***

EVITAR LOS EXTREMOS

Cometemos un gran error cuando demonizamos la tensión... y a la persona cuyo rostro la representa. Cuando es una amenaza, automáticamente pasamos al pensamiento entre dos opciones: una persona es un buen tipo o un mal tipo, no un tipo complejo; en una relación lo damos todo o no damos nada, sin entender que las conexiones humanas a veces son difíciles, pero valiosas; y las situaciones son maravillosas o terribles, no buenas o no tan buenas y en necesidad de mejora. Mientras más inseguros nos sintamos, más buscaremos respuestas sencillas y claras. El problema, sin duda, es que muchas de las cosas más valiosas en la vida no son tan sencillas. Ciertamente hay verdad objetiva, pero la Biblia dice que necesitamos sabiduría para discernir no entre lo bueno y lo malo, sino entre lo bueno y lo mejor.

Los intentos de eliminar por completo la tensión en realidad crean más tensión, para nosotros y para las personas que nos rodean. Simplificar en exceso evita que veamos la hermosa complejidad de la vida, y encasilla a las personas en lugar de verlas como multidimensionales e infinitamente interesantes.

Y si insistimos en ver a los demás como buenos o malos, probablemente nos veamos a nosotros mismos de la misma manera, lo cual produce arrogancia o vergüenza. Pasamos por alto nuestros propios errores o somos consumidos por ellos. En cualquiera de los casos, somos hipersensibles a la crítica, e incluso provoca una pregunta suave sobre nuestros motivos o decisiones, lo cual obstaculiza nuestro crecimiento y nos hace parecernos a puercoespines. ¡Las personas tienen miedo a acercarse a nosotros por si se pinchan!

Cuando vivimos en los extremos, siempre estamos en guardia y no podemos relajarnos. La tensión constante erosiona gradualmente nuestros recursos y distorsiona nuestra perspectiva. Nos volvemos enfermos emocional, física, financiera y relacionalmente. Para compensar, quizá intentamos actuar como si nada nos molestara, o nos volvemos ferozmente competitivos e insistimos en tener la razón en todo.

Empresas y organizaciones tienen que enfrentar la realidad de los objetivos contrarios. Estas tensiones no pueden resolverse por completo, de modo que los líderes deben decidir qué objetivos requieren la mayor atención en cualquier momento dado. Un artículo de Dominic Dodd y Ken Favaro en *Harvard Business Review* identifica tres pares comunes de objetivos contrarios en los negocios:

1. Rentabilidad contra crecimiento
2. Corto plazo contra largo plazo
3. La totalidad contra las partes

En iglesias y organizaciones sin fines de lucro, las tensiones son en cierto modo diferentes: el crecimiento personal de las partes contra el crecimiento numérico de la organización sustituye a la rentabilidad contra el crecimiento, pero los otros dos puntos son esencialmente los mismos. Toda organización tiene que invertir en el futuro y al mismo tiempo enfocarse en el desempeño presente, y los líderes tienen que coordinar todas las partes de la empresa, la iglesia o la organización sin fines de lucro a la vez que prestan atención a la eficacia de cada parte que la compone.

Dodd y Favaro realizaron un estudio de tres años y llegaron a la conclusión de que muchos líderes empresariales ni siquiera reconocen estas tensiones, y cuando lo hacen, a menudo se enfocan en la incorrecta en cualquier momento dado. Cuando su atención está fijada en una, puede que ignoren la importancia de las otras. Y cada una requiere un enfoque diferente, pero relacionado. Los autores explican:

> Como las tres tensiones interactúan... es difícil desentrañar la causa y el efecto, y el problema y el síntoma. Pero a pesar de las relaciones tan cercanas entre ellas, cada tensión plantea distintas preguntas y da pie a los gerentes a adoptar un enfoque diferente. La tensión entre rentabilidad y crecimiento enfoca al líder en el *modelo de negocio* de la empresa: qué hace para los clientes y cómo configura su costo para sostener eso. En otras palabras, da pie a preguntas de estrategia. La tensión entre el corto plazo y el largo plazo requiere que los líderes examinen

el *modelo de gerencia* de la empresa: cómo gestiona la empresa el desempeño y la inversión. Da pie a los gerentes a pensar en los objetivos, procesos y rutinas de la empresa. La tensión entre la totalidad contra las partes dirige a los líderes hacia considerar el *modelo organizacional* de la empresa: su estructura, cultura y personas. Esto significa que los gerentes necesitan pensar meticulosamente los problemas de sus empresas para hacer un diagnóstico.[21]

En la vida y en el liderazgo necesitamos entender las complejidades que enfrentamos cada día. Enfrentamos decisiones que compiten, y en raras ocasiones están escritas en blanco y negro. Casi siempre tienen matices de gris. Cuando tomamos decisiones, entenderemos que cada *sí* está lleno de muchos *no*. En los negocios se denomina *costos de oportunidad* porque una opción elimina necesariamente otras oportunidades. Queremos ir de vacaciones a dos lugares diferentes... tenemos dos invitaciones de boda para la misma fecha... hemos recibido dos ofertas de trabajo... hay dos películas que parecen atractivas... Cuando escogemos una opción, eliminamos todas las restantes.

> **CUANDO TOMAMOS DECISIONES, CADA SÍ ESTÁ LLENO DE MUCHOS NO. EN LOS NEGOCIOS SE DENOMINA COSTOS DE OPORTUNIDAD PORQUE UNA OPCIÓN ELIMINA NECESARIAMENTE OTRAS OPORTUNIDADES.**

Cuando Jesús estaba a punto de lanzar la mayor aventura que el mundo haya conocido jamás, se reunió con sus seguidores más cercanos en el aposento alto. Esta reunión estaba cargada de tensión: tensión con los discípulos que discutían sobre quién sería el mayor en el reino venidero de Jesús, tensiones con Judas, tensiones con Pedro, y las tensiones de Jesús en su interior al enfrentar el angustioso futuro de ir a la cruz. La respuesta de Jesús a todo esto no fue huir o gritar condenación a quienes no apreciaban lo que Él iba a hacer. En cambio, se quitó su túnica, se ciñó una toalla, agarró un cuenco de agua y les lavó los pies. En mitad de la tensión más profunda y desgarradora que nadie haya enfrentado ni enfrentará jamás, Jesús aceptó el momento y adoptó el rol del sirviente más bajo.

Más adelante aquella noche Él experimentó tensión cuando Pedro, Jacobo y Juan no pudieron mantenerse despiertos a su lado mientras Él derramaba su corazón en oración. Él estaba totalmente a cargo del momento cuando Judas lo traicionó con un beso y Pedro cortó la oreja al sirviente del sumo sacerdote. Jesús habló con calma y claridad en las parodias de juicio y delante del gobernador romano que afirmaba tener poder sobre Él. Y soportó la mayor tensión imaginable cuando el Padre se retiró para que Él pudiera cargar con el castigo por los pecados del mundo. Jesús sabía que esas tensiones eran temporales, pero su misión era eterna. Él se negó a ser distraído del propósito del Padre. Sin duda, no ignoró el estrés y la tensión que enfrentó, sino que mantuvo su mirada en una meta mucho más grande que el alivio temporal.

> ***JESÚS SABÍA QUE SUS TENSIONES ERAN TEMPORALES, PERO SU MISIÓN ERA ETERNA. ÉL SE NEGÓ A SER DISTRAÍDO DEL PROPÓSITO DEL PADRE.***

Jesús tuvo la opción de vivir en tensión y mantenerse en el plan del Padre o escapar llamando a doce legiones de ángeles para matar a sus enemigos y librarlo del dolor y la vergüenza de la cruz. Me alegra que Él se mantuviera.

Nosotros también tenemos opciones. Podemos permitir que la tensión nos destruya, o podemos invitarla a fortalecernos. ¿Qué opción escogeremos?

PARA PENSAR:

1. ¿Cuáles son algunas consecuencias en nuestros pensamientos, nuestro estado de ánimo, y nuestras relaciones cuando insistimos en intentar librarnos de toda tensión?
2. Repasa las muchas maneras en que la tensión puede destruirnos. ¿Cuáles has visto en tu vida o en las vidas de otros?
3. Repasa las maneras en que la tensión puede fortalecernos. ¿Cómo has visto a personas, incluyéndote tú mismo, crecer al enfrentar la tensión con valentía?
4. ¿De qué maneras el pensamiento simplista se siente bien, pero conduce a problemas emocionales, físicos, financieros y relacionales? ¿Por qué, entonces, parece tan atractivo?
5. ¿Por qué es importante para los líderes de empresas, iglesias, y otras organizaciones observar las tres tensiones organizacionales más comunes y encontrar maneras de abordarlas?
6. ¿Cómo es un modelo para ti el ejemplo de Jesús de enfrentar la realidad de la tensión?

PARA APLICAR:

- Al leer este capítulo, ¿qué tensiones descritas aquí te hicieron recordar tus propias experiencias?
- ¿Cómo respondiste en ese momento?
- ¿Cómo quieres responder la próxima vez?
- ¿A quién conoces que esté experimentando una tensión similar hoy?
- ¿Cómo puedes ayudar a esa persona a aceptar la tensión, resolver la tensión, o usar la tensión para estimular una solución innovadora?

5

TENSIONES EN LA IMPLEMENTACIÓN

Lo que realmente necesita el hombre no es un estado libre de tensión, sino más bien esforzarse y luchar por una meta digna, una tarea escogida libremente. Lo que necesita no es la descarga de tensión a cualquier costo, sino el llamado de un significado potencial que espera a que él o ella lo cumpla.
—Viktor Frankl[22]

Antes de convertirme en presidente de una universidad era pastor, y puede que recuerdes que podía contar las personas que estaban en los bancos aquel primer domingo, sin incluir los miembros de la familia, con las dos manos… y aún me sobraba un dedo. La delegación no era realmente algo en lo que tenía que pensar porque todas las responsabilidades recaían sobre *mis* hombros. A medida que creció la iglesia, mi solución fue hacer listas más largas y mejores, hablar más rápido, conducir más rápido, y hacer más en cada minuto del día. Yo estaba a cargo de dirigir, hablar, visitar, planificar, programar, implementar, control de calidad y el resultado. Era el hombre orquesta. Cuando me nombraron presidente de la universidad, inmediatamente apliqué mis consumadas habilidades pastorales de dirección; intentaba hacerlo todo yo solo. Sin embargo, poco después me di cuenta de que así no iban a funcionar las cosas. Tuve que encontrar una manera de confiar en otros, involucrarlos en el proceso, y soltar una gran medida de control a hombres y mujeres talentosos y dedicados.

En ese entonces, la universidad estaba en apuros. Las inscripciones habían descendido… y cada vez se inscribían menos alumnos. Nos costaba mantener a las mejores personas en nuestra plantilla de personal, y el futuro se veía sombrío. Mantener el estatus quo nos estaba llevando en la dirección errónea. Para que la situación cambiara, *yo* tenía que cambiar. Tenía que crecer en el trabajo y tenía que hacer un gran progreso, ¡y realmente rápido!

Entendí que mantener todo el control tenía sus beneficios, pero las cargas eran mucho mayores. Si intentaba dirigir la universidad del mismo modo que había dirigido la iglesia, yo sería un embudo que ahogaría la estimulación vivificante de las ideas y los esfuerzos creativos de otros. Decidí crear un equipo ejecutivo. Parecía una solución obvia, pero para mí en esa etapa de mi desarrollo de liderazgo era un salto muy grande. Pedí a cinco personas que se unieran a mí para hacer equipo.

De inmediato, nos metimos en dos problemas: yo no sabía cómo delegar y ellos no sabían cómo responder a la autoridad delegada. Cada uno de ellos había demostrado habilidades en sus áreas de responsabilidad, pero habían operado como directores generales de sus cinco departamentos, con muy poca comunicación y prácticamente sin coordinación. Ahora, les estaba pidiendo que se juntaran y se apoyaran mutuamente, se estimularan y coordinaran programas con otros en el equipo.

Además de los otros retos que enfrentábamos, teníamos que saltar por los aros académicos para solicitar la acreditación. Delegué el estudio de viabilidad a una de las personas del equipo. Delegué la planificación de nuestra campaña de desarrollo a otra persona y le pedí que investigara la posible base de donantes. Consideramos añadir otro campo de estudio; le pedí a otro miembro del equipo que estudiara la posibilidad y regresara con un plan para grupos de enfoque y un nuevo temario.

El equipo ejecutivo de la universidad fue mi aula de clase para aprender a delegar. A veces lo hacía bien, pero de vez en cuando (al menos me gustaría creer que fue solo de vez en cuando), fracasaba a lo grande. Tuve que aprender quién en el equipo era creativo y podía llenar los espacios en blanco... y quién necesitaba una dirección muy específica. Cuando era pastor hacía cambios en el momento, pero ahora tenía que descubrir cómo conseguir una retroalimentación objetiva para cada fase de un programa, para así poder hacer cualquier ajuste necesario a mitad de curso. Identificar los puntos de referencia progresivos era una idea nueva para mí, pero este concepto demostró ser increíblemente útil. Y por supuesto, tuve que confrontar a personas del equipo cuando no hacían lo que se les había asignado, no lo hacían lo suficientemente bien, o se retrasaban al hacerlo. Cuando era pastor y el único protagonista, el dedo siempre me señalaba a mí. Ahora, tuve que aprender a ser a la vez directo y amable al señalar cómo alguien podía hacerlo mejor la próxima vez.

En algún momento durante ese primer año como presidente de la universidad entendí que una buena delegación no comienza con las personas del equipo; comienza por mí. Yo tenía que entenderlos a ellos, tenía que comunicarme con claridad, tenía que mezclar la visión y los pasos específicos para implementarla, tenía que apegarme a la agenda establecida, y tenía que pastorear a personas talentosas y obstinadas a lo largo del proceso.

La curva de aprendizaje de los planes de implementación a través de la delegación era inclinada para mí. Las lecciones que aprendí en aquel año crucial han seguido siendo refinadas durante las décadas. En la actualidad son una parte vital de mis conversaciones cuando me reúno con líderes de empresas e iglesias. Los líderes enfrentan varias tensiones a medida que dan pasos para ver cómo una visión se convierte en realidad.

> ***MUCHOS DE LOS MEJORES LÍDERES SON VISIONARIOS; CONCIBEN UNA NUEVA REALIDAD PARTIENDO DE UN MONTÓN DE INCÓGNITAS.***

ABSTRACTO Y CONCRETO

Muchos de los mejores líderes que conozco son visionarios; conciben una nueva realidad partiendo de un montón de incógnitas. Son pensadores abstractos, pero la mayoría de las personas de sus equipos son mucho más concretos. Estos líderes inspiran a sus congregaciones y empleados con una nueva visión del futuro, pero a menudo dejan frustrados a sus equipos, y esas son las personas que trabajan más de cerca con ellos y tienen que llevar a cabo sus planes. Los miembros del equipo y empleados superiores quieren saber *quién hace qué y para cuándo*; si no tienen esas instrucciones claras y concretas, se quedan inmovilizados o se vuelven frenéticos, intentando averiguar qué se espera de ellos, pero a veces pisan el terreno de otros miembros del equipo que también están jugando al juego de averiguar.

El problema es que pocas personas en el equipo son lo suficientemente intuitivas para averiguar las cosas y crear pasos concretos con un cuadro abstracto. A veces, solo un miembro del equipo es así de astuto. El líder mira a esa persona y piensa: *¿Por qué no pueden los demás ser como él?* En realidad, la mayoría de las personas no están formadas así. Tienen talentos, tienen ganas y motivación, y tienen experiencia, pero necesitan carriles claros por los que correr. Si el líder no se los da, estarán en problemas.

Además, los líderes visionarios por lo general van bastantes pasos más por delante de todos, y no quieren enredarse en lo práctico de la planificación de detalles, afinación, reporte y correcciones de mitad de curso. Pero las personas en el equipo *necesitan* este tipo de información, así como mucho ánimo para el progreso tangible que están haciendo a lo largo del camino. Implementar una idea es mucho más que el líder expresando una imagen brillante de lo que puede ser; exige los detalles de la planificación, delegación y retroalimentación que son esenciales para el éxito.

Ciertamente es posible que los líderes visionarios provean una dirección concreta. He visto a algunos líderes destacados frenar para identificar los planes y las fases de un programa extenso. Dan puntos de referencia concretos para cada fase a sus equipos y todos sus constituyentes, de modo que sepan cuándo están siguiendo bien el objetivo y en el tiempo marcado; cuándo alguna parte ha demostrado ser poco realista y necesita repensarse; y qué tipo de ajustes se tienen que hacer. Pero los líderes que sobresalen en ambos mundos, el abstracto y el concreto, son poco frecuentes. Por eso muchas iglesias grandes ahora tienen equipos ejecutivos que desempeñan este papel, y las empresas tienen jefes de operaciones y otros altos ejecutivos que proporcionan pasos concretos para los empleados a fin de que la visión pueda convertirse en una realidad.

> ***LOS LÍDERES TIENEN QUE ADQUIRIR LA HABILIDAD, Y LA PACIENCIA, PARA EQUIPAR A CADA PERSONA EN EL EQUIPO PARA QUE SE SIENTA SEGURA MIENTRAS LLEVAN A CABO SUS RESPONSABILIDADES.***

Es importante que los líderes visualicen el futuro. Su pensamiento abstracto los ha llevado hasta su posición de liderazgo, pero tienen que adquirir la habilidad, y la paciencia, de equipar a cada persona en el equipo, independientemente de cuán concreto pueda ser su pensamiento, para que se sienta segura mientras lleva a cabo sus responsabilidades. Cuando los líderes dedican tiempo a dar dirección y respuestas claras, crean un entorno estable, alentador e innovador donde todos pueden desarrollarse.

Delegar es más que pasar una tarea de la lista de quehaceres de una persona a otra. Eso es verter. Delegar es dar responsabilidad y autoridad a alguien que pueda hacer el trabajo tan bien como tú, o que pueda aprender a hacerlo tan bien como tú, o incluso mejor. Esto implica respeto por la inteligencia, experiencia y compromiso de las personas con las metas del equipo.

Quienes son hábiles en el arte de la delegación hacen buenas preguntas por adelantado. Cuando esperamos a hacer las preguntas después de que la persona ha fallado, se suelen percibir como condenatorias en lugar de útiles. Para cualquier tarea o programa significativo tenemos que dedicar tiempo a preguntar a las personas:

- ¿Quién te puede ayudar a lograr esto?
- ¿Cómo se verá cuando esté terminado?
- ¿Te va bien el cronograma?
- ¿Qué recursos necesitas?
- ¿Cuáles son los puntos de referencia de progreso?
- ¿Qué necesitas de mí?

> ***LOS LÍDERES DEBERÍAN DEJAR QUE LOS MIEMBROS DE SU EQUIPO SEPAN QUE ESTÁN DISPONIBLES. DI: "ESTOY MÁS QUE DISPUESTO A AYUDARTE CON LO QUE SEA, PERO QUIERO QUE TE COMUNIQUES CON CLARIDAD Y FRECUENTEMENTE CONMIGO DURANTE TODO EL PROCESO".***

Yo les pido a las personas que me avisen si se están retrasando con el programa. Por supuesto, esta petición infunde temor en las personas que no quieren decirle al jefe que no tienen el trabajo hecho a tiempo, así que me aseguro de decirles que solo me enojaré si *no* me dicen que van con retraso. A menudo digo: "Piensa en mí como tu primer recurso. Estoy más que dispuesto a ayudarte con lo que sea, pero quiero que te comuniques conmigo con claridad y frecuentemente durante todo el proceso".

Conócete a ti mismo y a tu gente. Es maravilloso tener a una persona o dos en tu equipo que puedan pensar en términos abstractos y puedan llenar los espacios en blanco de una visión global e incompleta, pero no supongas que todos son así, o que todos *deberían* ser así. Confecciona a la medida tu comunicación con las personas concretas del equipo. Todos se alegrarán de que lo hayas hecho.

INTUICIÓN Y CONSEJO

Algunos líderes son tan intuitivos que tienen una sensación de lo que se debe hacer mucho antes de que nadie tenga ni idea. Esa puede ser una gran fortaleza o una trágica debilidad. Cuando las personas en sus equipos creen que sus opiniones no importan, se sienten devaluados y su motivación entra en declive. La intuición es uno de los rasgos más importantes del liderazgo, pero *muchos líderes no saben lo que no saben*. En vez de confiar en su sensación interna, tienen que pedir las ideas de otros que han demostrado ser perspicaces y de confianza.

Cuando yo era presidente de la universidad, establecí el hábito de decirle a nuestro equipo ejecutivo: "Tengo una idea. No es definitiva de ninguna manera, así que necesito su ayuda para mejorarla". Cuando después compartía la idea, todos se sentían libres para dar su opinión para moldearla y convertirla en algo en lo que todos creyéramos. No les decía: "Esta es mi idea. No vamos a cambiarla en nada. Solo quiero que la implementen". Cuando les pedía que la mejoraran, estaba diciendo que yo tenía un concepto y estaba comprometido con él, pero necesitaba la participación de ellos para convertirlo en lo que podría llegar a ser. La idea en sí misma no era debatible, pero la forma, el tiempo, las personas involucradas y todos los matices estaban con cemento fresco hasta que nuestro equipo abordara los asuntos.

Los *instintos* son algo primordial y dado por Dios, pero la *intuición* se puede adquirir. Podemos desarrollar la habilidad de anticipar futuras oportunidades y desafíos, pero por lo general necesitamos ayuda. Conozco a líderes muy eficaces que han establecido relaciones con hombres y mujeres talentosos, y estos mentores y amigos hicieron miles de preguntas para descubrir qué motivaba a los líderes. Estos líderes emergentes son lectores voraces, que estudian su campo, van a conferencias, encuentran un mentor o coach y escuchan podcasts. Poco a poco, desarrollan una sensación de lo que funciona y lo que no, en quién pueden confiar y en quién no, cómo se pueden mejorar las cosas y qué puede ser un lastre en la productividad, qué motiva a cada persona del equipo y qué mina su entusiasmo y energía. Cuando la mayoría de nosotros nos convertimos en líderes, hemos desarrollado nuestra intuición sobre nuestro rol, pero los mejores líderes nunca dejan de esforzarse y aprender. Su intuición se sigue refinando durante toda la vida.

Algunos líderes están en el otro extremo del péndulo de la confianza. No parecen poder tomar decisiones hasta que han exprimido hasta la última gota de consejo de todos los que conocen. E incluso entonces, creen que necesitan más consejo antes de poder dar un paso. Se cuestionan a sí mismos; siempre están mirando por encima de su hombro preguntándose quién les sorprenderá cometiendo otro error.

> ***TODOS NOSOTROS, EN LAS EMPRESAS, IGLESIAS Y FAMILIAS, VIVIMOS EN LA TENSIÓN ENTRE LA INTUICIÓN Y EL CONSEJO.***

Todos nosotros, en equipos en las empresas e iglesias, así como en las familias, vivimos en la tensión entre la intuición y el consejo. He ido a reuniones con mi equipo con una fuerte sensación de lo que teníamos que hacer y cómo teníamos que hacerlo, pero el consejo alrededor de la mesa me hizo cambiar de opinión por completo. Me dieron nueva información, me dieron un enfoque distinto de la información que yo tenía, o me recordaron otras prioridades que habría que aparcar o retrasar si procedíamos con el rumbo que yo estaba sugiriendo. Entré en la reunión con un resonante: "Sí, ¡vamos a hacer esto!", pero salí diciendo: "¡Me alegro de no estar haciendo eso!" (Y por supuesto, ¡esto mismo sucede todo el tiempo en mi relación con Brenda!).

Para abrazar la tensión valoramos nuestra sensación interior, pero seguimos abiertos a otros cuando contribuyen con sus ideas para modelar el concepto o comunicar preocupaciones que lo desvían. Asumir que nuestra intuición siempre es correcta es arrogante y necio. Mata muchas buenas ideas de las personas a nuestro alrededor y les roba que puedan creer que son importantes. Por otro lado, las personas que raras veces confían en su instinto son como globos soplados por el viento. La opinión de cada persona tiene la capacidad de hacerles cambiar de idea. Esto también resulta en frustración entre las personas en el equipo y en la familia.

El punto de partida es importante. Yo comienzo con mi intuición y después invito a otros a dar su opinión, pero muchos cónyuges y líderes comienzan levantando un dedo mojado al aire para ver la dirección del viento. Solo entonces, cuando saben que no serán desafiados, proponen una idea... e incluso entonces son susceptibles al golpe de nueva información o personas que cambian de opinión.

SUPOSICIONES FORMADAS TEMPRANO

Nuestras suposiciones más básicas sobre la vida no cayeron del cielo. Se formaron en nuestra infancia mientras veíamos cómo nuestros padres y hermanos respondían a nosotros y a los demás. Si veíamos a las personas más importantes de nuestra vida cambiar a cualquiera de los extremos del péndulo desde vivir por intuición a tener miedo a la intuición, puede que los imitemos o que tomemos el camino opuesto. Como los polos opuestos se atraen, muchas parejas tienen uno de los dos: quizá la esposa es muy intuitiva y el esposo quiere que todos apoyen una idea antes de expresar una convicción. La tendencia no es un defecto fatal mientras cada cónyuge valore la tendencia del otro. Pero se convierte en un punto de fricción frecuente cuando se molestan con la inclinación del otro y se culpan el uno al otro por ser compulsivo o indeciso.

Nadie llega a la edad adulta como una pizarra limpia. La escritura de nuestros padres, y a veces tías, tíos, abuelos y hermanos, está repartida por todos nuestros mapas mentales. Hemos interiorizado las palabras, el tono, la presencia, las acciones y las actitudes de nuestros padres. Quizá les copiamos, o puede que vayamos en la dirección opuesta porque nos han hecho mucho daño, pero el impacto de esta relación es profunda y duradera.

En un artículo para la revista *Entrepreneur,* Jeff Haden identifica la tensión entre intuición y consejo. La comunicación, afirma él, debe ser una carretera de dos direcciones:

> La empresa está llena de qué: qué ejecutar, qué implementar, qué decir, y a veces incluso qué sentir. Lo que a menudo falta es el porqué. Por eso tantos proyectos, procesos y tareas fracasan. Dime qué hacer e intentaré hacerlo; dime por qué, ayúdame a entender por qué, ayúdame a creer y haz que ese porqué sea también mi misión… y correré atravesando inmensas paredes de ladrillos para hacer lo imposible. Los gerentes estipulan. Los mejores líderes explican. Y después escuchan, porque la comunicación más eficaz conlleva mucho más escuchar que hablar.[23]

Haden dice que los mejores líderes son conscientes de que necesitan ayuda. Según ascienden en autoridad y responsabilidad, puede que se vean tentados a mostrar un aire de superioridad, pero eso puede ser un error fatal. Él nos recuerda:

> Los líderes sobresalientes no pretenden saberlo todo. (De hecho, contratan a propósito personas que saben más que ellos). Así que de forma instintiva hacen preguntas. Automáticamente piden ayuda. Y en el proceso muestran vulnerabilidad, respeto por el conocimiento y habilidades de otros y una disposición a escuchar, todo lo cual son cualidades de los líderes sobresalientes.[24]

Jugar a lo seguro ciertamente reduce riesgos (y vergüenza), pero aplasta la creatividad y reduce severamente las emociones que la vida puede ofrecer. Si nadie se pregunta jamás si has perdido el juicio, quizá necesites empujar un poco más hacia confiar en tu instinto. En un artículo para *Inc.*, Sunny Bonnell describe la necesidad de que los líderes vayan más allá de la zona de seguridad, pero incluso entonces, eso está templado con la razón y el consejo:

> Cuando actúas según tu instinto, eres impredecible. Volátil. Auténtico. Das saltos de lógica y ves conexiones que otros no ven. El instinto interno te deja ver más allá de donde tu empresa está hoy para ver cómo podría ser el mañana. Por eso es una parte tan importante de lo que yo llamo la Raza Extraña. No me malentiendas, pues el instinto no siempre es bueno. La ciencia del cerebro nos dice que el instinto interior útil depende de tener mucho conocimiento y experiencia sobre tu campo. Y por muy poderosa que sea la intuición, si no la sigues con planificación, destreza y una buena gestión, solo tendrás una fría idea sobre una pizarra blanca.[25]

> ***PARA VIVIR EN LA TENSIÓN, PRIMERO TENEMOS QUE ENTENDER EN QUÉ LADO DEL PÉNDULO SOLEMOS VIVIR, ASÍ COMO SUS BENEFICIOS Y LIMITACIONES.***

Para vivir en la tensión, primero tenemos que entender en qué lado del péndulo solemos vivir. Podemos reconocer los beneficios de estar ahí, pero también las limitaciones. Quienes son intuitivos pueden aprender a pedir opiniones, pero también pueden ser más vulnerables cuando están equivocados y elogiar a otros que les dan buenos consejos. Y quienes raras veces se mueven sin consenso o unanimidad pueden dedicar más tiempo antes de las reuniones a prestar atención a su instinto. Ambos pueden abrazar el otro lado, al menos un poco, y ser mejores líderes, cónyuges y padres.

TIEMPO INVERTIDO Y TIEMPO GASTADO

Para usar de nuevo nuestra analogía del banco, no hay nada de malo en gastar dinero en cosas que son valiosas, pero si estamos gastando sin generar ingresos de las inversiones, nos quedaremos sin dinero. O en este caso, nos quedamos sin tiempo e influencia. Algunos líderes se niegan a delegar porque insisten: "Puedo hacer el trabajo más rápido y mejor si lo hago yo mismo". Si eso es cierto, es un fallo de liderazgo. Eso es *gastar* nuestro tiempo y recursos en vez de *invertirlos* en las personas de nuestros equipos para equiparlos para ser tan eficaces como nosotros mismos. Nuestra reticencia para delegar limita la extensión de recursos disponibles para nuestros propios talentos y tiempo, reduce el alcance de lo que una persona puede lograr, y desmoraliza a las personas que nos rodean y que están deseosas de contribuir, pero se sienten ignoradas.

> ***NUESTRA RETICENCIA A DELEGAR LIMITA LA EXTENSIÓN DE RECURSOS DISPONIBLES PARA NUESTROS PROPIOS TALENTOS Y TIEMPO, REDUCE EL ALCANCE DE LO QUE UNA PERSONA PUEDE LOGRAR, Y DESMORALIZA A LAS PERSONAS QUE NOS RODEAN.***

Cuando paso tiempo con amigos, nunca lo considero un desperdicio de tiempo. Es importante, crucial más bien, disfrutar unos de otros. Para que el tiempo sea significativo, no tenemos que lograr nada más allá que entender las esperanzas y los temores mutuos, y reírnos un rato juntos. Pero en otras relaciones invierto mi tiempo para edificar a las personas que me rodean. Algunos serán mejores líderes, algunos serán más talentosos en alguna habilidad específica, y ambos conjuntos de personas tendrán un mayor impacto.

LOS LÍDERES QUE INVIERTEN SABIAMENTE...

TIENEN UN PLAN EN CUANTO A LO QUE QUIEREN DELEGAR.

Confeccionamos a la medida nuestras tareas en base a los talentos, intereses y capacidad de cada persona para desarrollarlos para futuras responsabilidades.

ESCOGEN PERSONAS COMPETENTES Y APASIONADAS.

Con demasiada frecuencia he visto a líderes volcarse sobre personas que o bien no estaban interesadas, o no estaban preparadas. Los inversores buscan obtener el mayor beneficio posible, así que analizan el mercado con esmero: los bonos, los bienes raíces, y otras oportunidades financieras para encontrar las más adecuadas. Del mismo modo, tenemos que ser sabios a la hora de escoger a las personas en las que invertiremos nuestro tiempo y sabiduría.

ACLARAN EXPECTATIVAS.

Cuando nuestra opinión se dispersa y no es clara, las personas se sienten frustradas. Nuestra meta no es solamente hablar claro sobre lo que esperamos; no dejamos de comunicar hasta que la persona pueda expresar las expectativas tan bien como nosotros.

DEFINEN AUTORIDAD Y RECURSOS.

No es justo dar responsabilidad sin autoridad, y es desalentador (y confuso) asignar tareas sin proporcionar los recursos necesarios para tener éxito. Un paso esencial, entonces, es asegurarse de que la persona tenga un entendimiento claro de la autoridad delegada; es decir, del rango de la toma de decisión, y cómo adquirir todo lo necesario para cumplir con la responsabilidad.

HACEN SEGUIMIENTO PARA ANIMAR Y HACER AJUSTES.

Las personas prosperan con la afirmación... y mueren sin ella. Cuando los grandes líderes delegan, se mantienen involucrados, no revoloteando sobre la persona, sino estando en contacto para recibir actualizaciones. Esto le da al líder muchas oportunidades de elogiar a la persona y, si es necesario, darle consejos para hacer ajustes. Sin esta participación, a los líderes a menudo les agarran desprevenidos problemas de los que nadie les informó. Esto, por supuesto, ¡crea un tipo de tensión que no es bueno en la relación!

CELEBRAN LOS ÉXITOS DE OTROS TANTO COMO LOS PROPIOS.

Cuando un inversor lee el reporte de cuentas y se entera de que su dinero ha producido más, se emociona. Cuando un líder ve el éxito de las personas del equipo, se da cuenta de que su inversión ha devuelto grandes dividendos. No se siente amenazado por el éxito de los demás. En cambio, ahora ve los éxitos de ellos como la principal medida de su propio éxito.

LOS LÍDERES QUE INVIERTEN MAL...

NO DELEGAN, O LO HACEN SIN PENSAR.

Tales líderes no delegan, no delegan claramente, o lanzan las responsabilidades sobre su gente para conseguir quitarse las cosas de encima. No saber delegar autoridad y responsabilidad malgasta tiempo, es ineficaz, y fracasa a la hora de desarrollar personas. Todos se frustran y se enojan.

DELEGAN DEMASIADO RÁPIDO O DEMASIADO DESPACIO.

Una cosa confunde y la otra frustra. Los buenos líderes desarrollan un ritmo para que las personas en el equipo sepan qué se espera de ellas, sepan cómo procesar la información, y se sientan seguras de que las fechas de cumplimiento son razonables.

RETIENEN AUTORIDAD Y RECURSOS.

Los malos líderes ponen obstáculos para que su gente tenga dificultades para lograr la tarea. Estos líderes quizá retienen la autoridad porque quieren retenerlo todo, y puede que tengan recursos limitados porque realmente no quieren que la persona tenga éxito. Cuando la persona está batallando, el líder puede salir al rescate y quedar como un héroe... para todos menos para las personas que saben lo que realmente sucedió.

SE VEN AMENAZADOS POR EL ÉXITO DE OTROS.

Los líderes que son tan inseguros que sabotean los esfuerzos de otros crean un entorno tóxico. En estas situaciones, muchas personas en sus equipos ven la autopreservación como su meta principal. Compiten por posiciones, culpan a los demás y forman alianzas, todo lo cual arruina la química del equipo.

POTENCIAL Y PROBLEMAS

Las inversiones son aventuras a largo plazo. No medimos la sabiduría de una inversión por lo que ocurre hoy o mañana, sino por lo que ocurre en el futuro. Los mejores inversores ven potencial donde otros ven problemas. Cuando trabajaba como presidente de la universidad, el conserje en nuestro campus era Benson Karanja. En mis conversaciones con él podía ver que era un hombre extraordinario. Como resultado, abrí una puerta tras otra para él de modo que recibiera oportunidades de educación académica y de una carrera profesional, y le fue bien en todo. En cierto momento le pedí que se uniera a nuestro equipo ejecutivo, y después lo ascendí para que fuera mi vicepresidente ejecutivo. Me reunía con él antes de nuestras reuniones para hablar sobre la agenda y mis metas para cada uno de los puntos; nos reuníamos después de las reuniones para hablar sobre lo que había sucedido. Yo podía decir: "Esto es lo que viste, pero esto es lo que realmente estaba sucediendo". Creía en él, así que estaba contento de invertir mi tiempo y atención en él. Cuando dejé la universidad, el Dr. Karanja se convirtió en mi sucesor como presidente.

¿Quién ha invertido en ti? ¿Quién vio talentos a desarrollar y carácter que refinar, y consideró que valía la pena invertir tiempo y atención para ayudarte a dar pasos hacia adelante? Esas personas vieron alineación entre tus metas y las suyas, y por lo tanto tuvieron confianza en que tu progreso avanzaría su agenda.

Delegar es mucho más que pasar trabajo de nuestra página a la página de otro. Es una oportunidad de desarrollar a la persona y estirarla para que haga algo nuevo, probarla para ver si está lista para recibir más responsabilidades, y ascenderla cuando esté preparada. La delegación sabia y atenta crea un camino para que otras personas sobresalgan.

LA DELEGACIÓN SABIA Y ATENTA CREA UN CAMINO PARA QUE OTRAS PERSONAS SOBRESALGAN.

UNOS POCOS O MUCHOS

Muchos líderes pasan tiempo con demasiadas personas y no invierten tiempo en los que pueden marcar la diferencia en su empresa, iglesia, u organización sin fines de lucro. Ciertamente no está mal pasar tiempo con muchas personas; eso es parte de ser visible y comunicar el mensaje de la organización. Pero invertir en unos pocos multiplica el impacto del líder. Jesús habló a las masas, pero invirtió la mayoría de su tiempo en los doce apóstoles, y su círculo íntimo era el trío de Pedro, Jacobo y Juan. Ellos eran los que vieron sus momentos más íntimos; sin duda tuvieron la oportunidad de hacer las preguntas más emotivas, y recibieron las mejores oportunidades de ver su corazón.

Para ti, ¿quiénes son los muchos… y quiénes son los pocos? ¿Quiénes son las personas a tu alrededor que *necesitan* tu inversión, que *quieren* tu inversión, y que se desarrollarán como líderes *debido a* tu inversión?

He visto que muchos líderes no son mentores de unos pocos porque nunca han tenido mentores; delegan mal porque han estado bajo líderes que no sabían cómo empoderar y creer en las personas que tenían a su alrededor. Estos líderes ya se sienten estirados por las muchas demandas de su función, y ven como una demanda muy grande el ser mentor de pocos en sus equipos.

> **_ES ASOMBROSO LO QUE OCURRE CUANDO LOS LÍDERES REORIENTAN SUS PRIORIDADES PARA CONSTRUIR EN LAS VIDAS DE UNOS POCOS._**

Es asombroso lo que ocurre cuando los líderes reorientan sus prioridades para construir en las vidas de unos pocos. Sí, algunos ajustes en su programa son necesarios si quieren tomarse un café con esa persona cada semana o almorzar con aquella otra. Pero con el paso de los meses y los años, creer en esa persona finalmente dará una cantidad de fruto tremenda: en la eficacia de la persona, el sentimiento de satisfacción del líder y el crecimiento de la organización.

Todos los líderes viven en la tensión entre los pocos y los muchos. La mayoría de ellos tienen que avanzar con más decisión hacia los pocos.

AHORA Y DESPUÉS

Los líderes a menudo están orientados al futuro, y muchos han llegado a su posición porque son demandantes y resueltos. Estos rasgos son valiosos para alzar el listón para todos los que se involucren en la organización, pero demasiado enfoque en el futuro puede dejar a las personas con un sentimiento de vacío y desánimo en el presente. Creo que la celebración es una parte vital de la agenda del líder, pero con demasiada frecuencia esperamos demasiado para disfrutar del éxito. He conocido a muchos líderes que esperaron a celebrar hasta que se clavó el último clavo del edificio nuevo, hasta que se consiguió el último dólar, y hasta que llegó el último día de un largo programa, y eso es demasiado tiempo. Por ese entonces, muchas personas están tan agotadas que los únicos que se emocionan son quienes no han trabajado tanto para verlo terminado. En lugar de eso, los líderes pueden combinar el concepto de puntos de referencia del progreso con celebraciones genuinas de éxito a lo largo del camino. Los grandes líderes son expertos en celebrar los éxitos progresivamente.

EN LOS EQUIPOS, LOS QUE JUEGAN JUNTOS SE MANTIENEN JUNTOS.

Todos hemos oído el viejo dicho sobre la longevidad en el matrimonio: "Los que oran juntos se mantienen juntos". Pero en los equipos, los que *juegan* juntos se mantienen juntos. Cuando los miembros de un equipo se pueden relajar y disfrutar unos de otros fuera de la rutina y las responsabilidades normales, aprenden cosas de los demás que nunca habrían sabido al sentarse juntos en cientos de reuniones de trabajo.

Jugar juntos de forma regular no es tiempo perdido; es tiempo invertido en la salud del equipo. Estos momentos, incluyendo tiempos de celebrar el progreso hacia una meta, aumentan el nivel de confianza, bajan las defensas, aportan energía y promueven la longevidad porque las personas se sienten valoradas y quieren seguir en el equipo.

Les digo a los líderes que incluyan en sus agendas y presupuestos una palabra: diversión. Es importante, y no sucederá a menos que se planifique. Contrario a lo que podrías pensar, eso es tiempo invertido, y no gastado, en la salud emocional del equipo. En este tipo de salidas no necesitan un mensaje devocional ni una oración. Pueden ir a un partido, salir de picnic, a un concierto, al zoológico, jugar algún juego, o hacer todo lo anterior en distintas ocasiones. Conozco a un líder que tiene un *Director de Ambiente*, alguien que se encarga de encontrar muchas opciones para tiempos de diversión con el equipo. Ese no es el único trabajo de esta persona, pero sí una parte importante.

Recuerdo un viejo anuncio de aceite de automóvil. El que hablaba estaba junto a un auto con el capó levantado para que pudiéramos ver el motor, y decía: "Puedes pagarme ahora o pagarme después". Quería decir que las personas podían cambiar su aceite por poco dinero, pero si esperaban demasiado, los problemas de su motor les producirían un costo superior. Sucede lo mismo con el liderazgo. Muchos líderes gastan demasiado tiempo y energía emocional corrigiendo los problemas de una mala delegación. Si invirtieran más por adelantado, formando relaciones mediante la diversión y delegando por completo, se ahorrarían tanto ellos como a sus equipos un montón de quebraderos de cabeza. Ciertamente, delegar bien al principio puede tomar más tiempo que si hacen la tarea ellos mismos, pero desarrollar a un grupo mayor de personas talentosas y entusiasmadas producirá mayores retornos en el futuro.

> ***CUANDO LOS LÍDERES FORMAN RELACIONES MEDIANTE LA DIVERSIÓN Y DELEGANDO POR COMPLETO, SE AHORRAN TANTO A ELLOS COMO A SU EQUIPO UN MONTÓN DE QUEBRADEROS DE CABEZA.***

¿Por qué muchos líderes no delegan bien? Como hemos visto, pueden ser muchas las razones, pero la que más a menudo he observado es que están preocupados con todas las cosas que tienen que hacer, así que no dan instrucciones claras cuando delegan. Para cada tarea asignada a alguien del equipo, podemos hacer esta pregunta tan sencilla, pero a la vez maravillosamente completa: "*¿Quién hace qué y para cuándo?*". Si estos tres componentes están claros desde el principio, se conseguirá más, se minimizarán las frustraciones, y los malentendidos quedarán prácticamente eliminados.

Para los visionarios, los detalles de la delegación pueden parecer increíblemente sosos y aburridos, pero son absolutamente necesarios para que el equipo sea eficaz y para que todos estén emocionados con las tareas que les han asignado. La implementación exitosa no es un misterio. Se necesita pensar con antelación, invertir en unos pocos, y mucha celebración.

PARA PENSAR:

1. ¿Dónde estás en el péndulo de depender de la intuición y buscar consejo? ¿Dónde están en él las personas más cercanas a ti? ¿Provoca alguna fricción la diferencia? Explica tu respuesta.
2. Describe el impacto de las personas que han invertido en ti durante el transcurso de los años.
3. ¿Qué principios de la delegación ya haces bien? ¿Cuáles necesitan alguna mejora?
4. ¿Quiénes son los pocos en los que estás invirtiendo o en los que quieres invertir? ¿Por qué ellos? ¿Qué aspecto tendría el progreso en cada una de esas relaciones?
5. ¿Por qué la diversión y las celebraciones regulares son importantes para la salud emocional y productividad de un equipo o familia?
6. ¿Cuáles son algunos de los beneficios de invertir tiempo y energía con anticipación a la delegación, en vez de hacerlo después cuando ves los problemas?

PARA APLICAR:

- ¿Qué tensiones descritas aquí te hicieron recordar tus propias experiencias?
- ¿Cómo respondiste en ese momento?
- ¿Cómo quieres responder la próxima vez?
- ¿A quién conoces que esté experimentando una tensión similar hoy?
- ¿Cómo puedes ayudar a esa persona a aceptar la tensión, resolver la tensión, o usar la tensión para estimular una solución innovadora?

6

TENSIONES CON LA VISIÓN

Mientras mayor es la tensión, mayor es el potencial.
—Carl Jung

Hace unos años atrás, hice una consultoría con un pastor destacado que tenía planes para construir un centro de adoración mucho más grande, pero no había previsto algunos cambios monumentales. Al principio, todo se veía como luces verdes. Tenían un plan arquitectónico que habían pensado meticulosamente, había mucho entusiasmo por parte del equipo, y el comité de construcción había conseguido los fondos para empezar el proyecto. El despegue era inminente, pero enseguida se hizo obvio que la planificación no había sido tan exhaustiva como me habían dicho. Los fondos disponibles no eran suficientes para convencer al banco de que el proyecto era factible, así que el banco lo rechazó. El segundo banco llegó a la misma conclusión, al igual que los cuatro bancos sucesivos. Todos ellos les dijeron que los fondos disponibles no eran suficientes para optar al crédito que solicitaban. El banco les dijo que cuando la iglesia recaudara más dinero, estarían encantados de volver a considerar el proyecto.

El problema era que la visión ya estaba lanzada y las personas estaban emocionadas por verla tomar forma. Su entusiasmo entonces se desplomó contra las duras rocas de la realidad. Durante los cinco años siguientes, el pastor acudió una y otra vez a los principales donantes pidiéndoles más dinero. No tenía muy buenas noticias que compartir con su equipo, así que intentaba evitar el tema siempre que era posible. Cuando las personas de la congregación pedían a los miembros del equipo de trabajo que les contaran las novedades, o bien desviaban la conversación a un tema distinto o se encogían de hombros, ¡respuestas que no inspiraban mucha confianza! Los grandes planes de alcanzar a más personas y lanzar más programas para la comunidad se desvanecían. El pastor seguía diciendo a la congregación que ya estaban "casi listos" para empezar la construcción, pero después de un tiempo, nadie lo creía. La iglesia experimentó fatiga de visión, los donantes experimentaron cansancio por peticiones, el equipo de trabajo experimentó cansancio de confusión, y las personas no sabían qué era lo que realmente pasaba.

Cuando el nivel de decepción crónica del pastor sobrepasó su visión para el futuro, perdió también la esperanza de que el edificio se pudiera construir algún día. Se cuestionó a sí mismo y al Señor. Quizá en verdad no había escuchado de Dios… quizá la visión era para el siguiente pastor, pero no para él…o tal vez aún no lo había intentado con todas las fuerzas posibles. Los donantes, y a este momento, este grupo incluía prácticamente a toda la congregación, habían dado dinero para el proyecto, pero no habían visto progreso alguno. El pastor se sentía atrapado: no podía avanzar a menos que consiguiera recaudar más dinero, y ciertamente no podía abandonar el proyecto y decirles a las personas que su dinero no había servido para nada. Y fue entonces cuando llamó para pedirme una consultoría.

Otro pastor que me pidió consultoría es el mayor generador de ideas que he conocido jamás. Tiene más ideas en un día que la mayoría de nosotros en un año, o quizá en toda nuestra vida. Pocos de sus conceptos tienen el poder suficiente para permanecer en su agenda durante un mes, y la mayoría de ellos se desvanecen cuando se pone el sol. Su equipo aprendió rápidamente que no podían pasar a la acción en nada de lo que él decía porque tendría una idea nueva y distinta al día siguiente.

Por mucho tiempo, muchos intentaron buscar formas de planificar y asegurar los recursos para implementar algunas de las ideas. Hacían buenas preguntas para asegurarse de que el proyecto se alineara con la visión y los valores de la iglesia, y dialogaban sobre las fases de progreso. Sin embargo, el pastor rápidamente se aburría con este nivel de conversación; su lenguaje corporal les decía que había desconectado de ellos. Su credibilidad de derrumbó a medida que los ojos de ellos se volvían vidriosos a pocos minutos de empezar cada reunión. Su mente generaba conceptos innovadores, pero sus acciones producían letargo en su equipo.

> ***CUANDO UN LÍDER NO PUEDE ATERRIZAR UN CONCEPTO EL TIEMPO SUFICIENTE PARA MATERIALIZARLO, TODOS LLEGAN A LA CONCLUSIÓN DE QUE NO VALE LA PENA MALGASTAR SU TIEMPO NI SIQUIERA EN INTENTARLO.***

No hay nada de malo en que un líder cambie de idea. Eso es parte del proceso de descubrimiento para cada idea, pero cuando un líder no puede aterrizar un concepto el tiempo suficiente para materializarlo, todos a su alrededor llegan a la conclusión de que no vale la pena malgastar su tiempo ni siquiera en intentarlo. Algunos miembros del equipo y empleados superiores se desmoralizan, se rinden y abandonan, pero muchos recurren a sus propias esferas de responsabilidad y hacen lo mejor que pueden. Se vuelcan en su trabajo, pero sufren por la molesta verdad de que son menos eficaces porque no pueden coordinar muy bien sus esfuerzos con los demás miembros del equipo.

Las familias pueden tener una visión, pero por lo general es algo intuitivo que no se expresa. Tienen valores y una cultura que se han reforzado de generación en generación que no se verbalizan, pero que son muy reales. La mayoría de las familias celebran genuinamente los éxitos de los demás, lo cual muestra que su principal valor es que cada persona florezca y prospere. Pocas familias pasan por el proceso de formar una visión familiar, a menudo en cuanto a pasar un negocio de padres a hijos, o quizá formar a cada generación para servir de forma apasionada y desinteresada. Yo quiero que los miembros de mi familia experimenten las bendiciones de Dios de una buena salud, unas relaciones fuertes y duraderas, y un propósito mayor que nosotros mismos. Si impartimos estos valores y visión, estaré entusiasmado.

HISTORIA Y HORIZONTES

Para dirigir cualquier tipo de cambio genuino tenemos que vivir en la tensión entre las lecciones que hemos interiorizado en el pasado y el camino hacia nuevos horizontes. El éxito del pasado no es el mejor indicador de un éxito futuro. Lo que *ya sabemos* se puede interponer en el camino de lo que *tenemos que saber* al pensar en dar nuevos pasos.

La prueba genética y la Internet han hecho que investigar el historial familiar sea un fenómeno moderno. Algunos están obsesionados con descubrir quiénes son y de dónde vienen. Esta investigación ha hecho posible descubrir mucho más sobre nuestros trasfondos que nunca hasta ahora, ¡incluso más de lo que la tía Marta escribió en su larga carta a tu mamá! Descubrimos más que un árbol genealógico abstracto; destapamos historias sobre nuestros ancestros que nos emocionan, nos asombran o nos avergüenzan si hemos vivido cerca de la época en que ellos vivieron. Cuando regresamos atrás para identificar a las personas de nuestras familias y conocemos más sobre sus historias, tenemos la oportunidad de entender lo que hizo a nuestros abuelos y padres ser como eran. Esto nos da más entendimiento, quizá más empatía, y casi seguro más aprecio por todo lo que soportaron para manejar sus vidas durante las adversidades y aventuras que vivieron. Tenemos la oportunidad de enmarcar de nuevo esta historia, no para cambiarla, sino para reinterpretarla bajo una luz más positiva, e incluso heroica.[26]

> ***EN CADA ROL Y RELACIÓN, TENEMOS QUE MIRAR DE REOJO LO QUE OCURRIÓ AYER PARA TENER EL CONTEXTO PARA EL PRESENTE Y PODER ENTENDER LAS OPORTUNIDADES DEL MAÑANA.***

En cada rol y relación, tenemos que mirar de reojo lo que ocurrió ayer para tener el contexto para el presente y poder entender las oportunidades del mañana. Por ejemplo, en un matrimonio algunas personas se preguntan por qué su cónyuge continúa reaccionando del mismo modo a las mismas molestias. Si exploramos un poco, no es muy difícil descubrirlo: la historia pasada de la relación definitivamente modela las respuestas en el presente, y con mucha frecuencia la historia de la relación del cónyuge con sus padres tiene influencia en las reacciones presentes. El patrón por lo general es totalmente predecible, pero solo si damos un paso atrás, abrimos nuestros ojos y vemos los patrones de la historia. Entonces podremos entender cómo trazar una senda hacia un horizonte mejor.

FLUJO, SISTEMAS Y ESTRUCTURA

Un *sistema* es una gráfica organizacional creada para lograr todas las tareas de la empresa o la iglesia; se convierte en una *estructura* cuando se ponen nombres en los cuadros y se asignan responsabilidades específicas. *Flujo* es la sensación innata del líder de lo que tiene que ocurrir y quién puede hacerlo. Varios líderes que conozco tienen una intuición impactante; a veces no pueden explicar por qué creen que su organización tiene que dar algún paso concreto; sencillamente lo saben. Pero también conozco líderes que han construido cuidadosamente un sistema factible y han reclutado, formado y colocado a personas muy competentes en cada puesto. Creo que los mejores líderes viven en la tensión existente entre el flujo, por un lado, y los sistemas y la estructura en el otro.

Surgen problemas (y se multiplican) cuando los líderes se inclinan demasiado hacia un lado o el otro. Todo flujo y sistemas débiles dejan a las personas preguntándose qué están haciendo, por qué lo están haciendo, qué es lo más importante y cuándo hay que hacer las cosas. Frustración y caos son los resultados inevitables. Por otro lado, los líderes que confían demasiado en sus sistemas y estructura tienen el beneficio de la predictibilidad en todo lo que hacen, pero se pierden la aventura de la espontaneidad. Sus empleados a menudo se sienten como dientes de ruedas en la maquinaria del líder, haciendo su trabajo, pero sin pasión ni propósito.

Es sabio crear planes a largo plazo, a cinco, diez o incluso veinte años, pero la vida sucede y los líderes tienen que ser lo suficientemente veloces para subirse a una ola de oportunidades que no habían previsto. Algunos tipos de empresas están casi constantemente en el flujo. Logística, comunicaciones, redes sociales y transporte están en cambio constante. Para ellos, el horizonte de planificación raras veces va más allá de un año, o incluso unos pocos meses, porque la tecnología cambia sus modelos de empresa muy rápidamente. ¿Quién habría soñado hace diez años atrás que estaríamos viendo automóviles y camiones sin conductor por las autopistas? Hago consultoría con el dueño de una empresa que es pionera en un tipo innovador de aeronave. ¿En qué pensarán las personas después? Este es precisamente el punto.

Los líderes que valoran el flujo aprovechan las oportunidades que parecen surgir de la nada. Buscan olas nuevas en su industria o en la cultura, y hacen ajustes. Entrenan a su gente diciéndoles que ser flexibles es parte de su descripción de trabajo, y no deberían sorprenderse cuando se les pida cambiar sus prioridades, aprender nuevas habilidades, y encontrar maneras nuevas de hacer nuevos trabajos.

> ***TODO PLAN ESTRATÉGICO DEBERÍA ESCRIBIRSE CON LÁPIZ. ES IMPORTANTE MANTENER NUESTROS OJOS ABIERTOS A NUEVAS OPORTUNIDADES.***

Todo plan estratégico debería escribirse con lápiz. Las organizaciones que son demasiado rígidas se pierden oportunidades, a menudo se confunden cuando se quedan atrás, y tienen que encontrar a alguien a quien culpar. La planificación sin duda alguna es necesaria, pero es importante mantener nuestros ojos abiertos a nuevas oportunidades.

Cuando yo era presidente de una universidad, rápidamente descubrí que el académico es quizá el campo más profundamente atrincherado en sistemas y estructuras y el menos dispuesto a cambiar. Pero decidimos cambiar el sistema: comenzamos a ofrecer cursos a estudiantes no tradicionales que tenían alrededor de cuarenta años, y que ya tenían carreras profesionales y familia. Para compatibilizarlo con sus horarios, teníamos clases en la noche. También propusimos cambios de gran envergadura en la ayuda económica, los horarios de los profesores y las formas en que los estudiantes interactuaban entre sí para que se sintieran estimulados a aplicar lo que estaban aprendiendo.

Todos estos cambios nos parecían perfectamente razonables, ¡pero el cuerpo acreditativo reaccionó como si hubiéramos lanzado una granada de mano a su mundo académico reservado y anticuado! Cuando pusieron en tela de juicio nuestros planes y nuestras metas, respondimos a todas sus preguntas, y tuvimos éxito a la hora de hacer los ajustes a nuestro nuevo sistema. Los resultados fueron instantáneamente alentadores: muchas personas que asumían que no tenían la oportunidad de conseguir una titulación más alta vieron que se les abrían nuevas puertas.

En muchos matrimonios, una persona es el flujo y la otra la estructura; uno tiene ideas creativas y el otro las piensa mucho para crear planes factibles; uno genera las facturas y el otro las paga. La diferencia puede crear resentimiento… o puede producir una bonita mezcla si cada uno aprende a apreciar al otro.

Yo veo como un río la tensión entre el flujo, los sistemas y la estructura. La corriente del agua es el flujo creativo, pero sin las orillas de los sistemas y la estructura, inunda las casas cercanas. Y las orillas sin el flujo no tendrían sentido y estarían vacías y secas. Una parte no es mejor que la otra. Solo funcionan cuando trabajan juntas. Si alguien solamente valora el flujo, los sistemas y la estructura le parecen severamente restrictivas en vez de direccionales y necesarias. Y si alguien se dedica solamente a los sistemas y la estructura, la espontaneidad de la innovación se pierde, y el río es poco profundo y se estanca.

En las diferentes etapas de la vida de una organización o de una familia, la tensión entre el flujo, los sistemas y la estructura puede cambiar. Por ejemplo, los líderes de empresas emergentes y plantadores de iglesias emplean mucho tiempo planificando su lanzamiento, pero por lo general pronto descubren que no anticiparon algunos de los retos o las sorpresas de oportunidades únicas. Los primeros años están llenos de ajustes a medida que afinan sus sistemas para aprovechar el flujo. Pero si sus sistemas se calcifican, se perderán la siguiente ola de oportunidades que les llegará.

En las familias, los años de inicio de una familia añaden muchas cosas desconocidas. Algunas personas se desarrollan en el caos, pero muchas necesitan desesperadamente cierta sensación de orden para no perder el juicio. A medida que los hijos crecen y se van de casa, y cuando la economía deja de estar tan apretada, pueden relajarse más, aligerar sus agendas y disfrutar más de actividades que surgen en el momento.

Actualmente podemos encontrar cientos (quizá miles) de libros y seminarios sobre la importancia de encontrar balance en nuestra vida. Yo he llegado a la conclusión de que esta meta no aborda de forma adecuada la realidad. La vida viene a chorros. Para muchos, las exigencias del trabajo o la familia significan que dedicamos mucho tiempo, al menos por una temporada, a esas responsabilidades. En varios momentos, no obstante, encontramos espacios para respirar, recargar nuestros motores y disfrutar de cosas que descuidamos durante los tiempos de presión. Si intentáramos balancear cada día durante todo este tiempo, estaríamos muy frustrados y probablemente confusos, pero si conseguimos entender el ciclo de la marea de la vida, puede que no encontremos el equilibrio perfecto cada día, pero encontraremos el ritmo perfecto. Surgen problemas cuando no encontramos alivio de los tiempos de intensas responsabilidades. También surgen dificultades cuando nos sentimos culpables porque suponemos que deberíamos ser capaces de encontrar balance cada día, o cuando otros intentan hacernos sentir culpables porque no estamos dedicando la misma cantidad de tiempo que ellos cada día a hacer lo que creen que deberíamos estar haciendo.

> ***SURGEN PROBLEMAS CUANDO NO ENCONTRAMOS ALIVIO DE LOS TIEMPOS DE INTENSAS RESPONSABILIDADES.***

En nuestras organizaciones tenemos que abrazar la tensión entre el flujo y los sistemas y la estructura; en nuestra vida personal tenemos que encontrar ritmo en lugar de equilibrio.

SISTEMAS VIEJOS Y NUEVOS

La historia de las organizaciones está llena de empresas que fallaron a la hora de revisar sus sistemas cuando cambiaron los tiempos. Los viejos sistemas son los que solían funcionar; los nuevos sistemas son los necesarios para florecer ahora y en el futuro. La visión de la empresa es el propósito que impulsa, y el sistema es el vehículo que te lleva hasta allí. Si tienes una visión finamente articulada, pero un vehículo anticuado, te quedarás atascado a un lado de la carretera mientras tus competidores te adelantan.

Creo que podemos identificar un potente ciclo del éxito organizacional[27] desde la visión hasta el dominio:

EL CICLO DEL ÉXITO

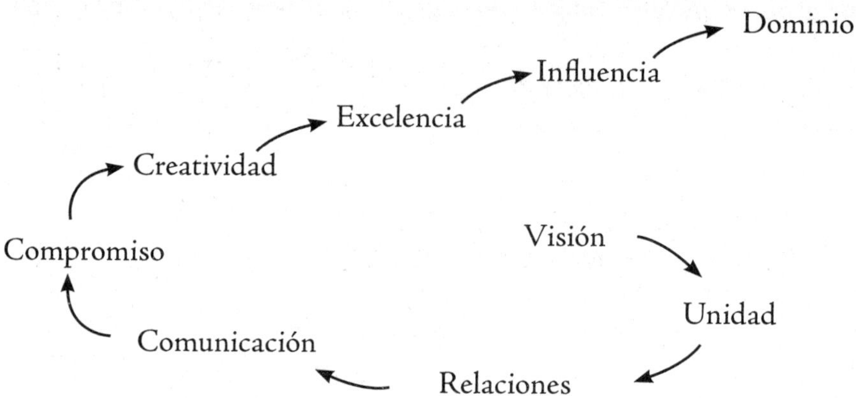

- La *visión* produce unidad porque invita a todos a participar en un propósito mayor que ellos mismos. La visión describe el qué, el cómo y el cuándo.
- La *unidad* profundiza las relaciones: el quién.
- Las *relaciones* posibilitan una comunicación clara.
- La *comunicación* refuerza los compromisos compartidos.
- Los *compromisos* compartidos crean un entorno de creatividad.
- La *creatividad* produce excelencia.
- La *excelencia* aumenta la influencia.
- Y a medida que crece la influencia, la organización puede tener *dominio* en su campo.

El dominio no es necesariamente una presencia exclusiva, y no implica brutalizar la competencia, sino que significa que la organización inspira respeto, tiene una importante cuota de mercado y es líder en innovación. Ciertas aerolíneas han tenido dominio en regiones concretas alrededor del mundo, Amazon es la fuerza dominante en el mercado y las ventas en todo el planeta, y algunas iglesias tienen una influencia mucho mayor en sus comunidades que otras. Estas organizaciones no se conformaron con viejos sistemas, así que crearon otros nuevos para aprovechar las oportunidades. Sin embargo, no se deshicieron por completo de lo viejo. Vivieron en la tensión entre lo que había funcionado bien, lo que no funcionaría en el futuro, y los nuevos sistemas necesarios para dar grandes pasos hacia adelante.

> ***LAS ORGANIZACIONES DOMINANTES VIVEN EN LA TENSIÓN ENTRE LO QUE HA FUNCIONADO BIEN, LO QUE NO FUNCIONARÁ EN EL FUTURO, Y NUEVOS SISTEMAS NECESARIOS PARA DAR GRANDES PASOS HACIA ADELANTE.***

RIESGO Y SEGURIDAD

En el año 1955 Ford Motor Company decidió producir su primer vehículo nuevo en una década. Realizaron una extensa investigación y descubrieron que el auge económico de la posguerra les permitiría vender hasta 400.000 unidades de la nueva línea de autos cada año. Miraron los modelos que estaban fabricando otras grandes empresas automovilísticas, y se aseguraron de que su diseño innovador fuera un ganador. Le pusieron el nombre del hijo del dueño de la empresa, Edsel Ford. Sin embargo, cuando los primeros Edsel salieron de la cadena de montaje en 1957 el mercado había cambiado, y las ventas fueron mucho menores de lo previsto. El experimento duró solo dos años. La revista *Time* escribió:

> Resultó que el Edsel fue el clásico ejemplo del automóvil equivocado para el mercado erróneo en el momento equivocado. Fue también un ejemplo claro de las limitaciones de la investigación de mercado, con sus "profundas entrevistas" y palabrerías "motivacionales". En la investigación, Ford tenía un caso hermético

> para que un automóvil nuevo de precio medio compitiera con los de Chrysler, Dodge y DeSoto, el Pontiac de General Motors, Oldsmobile y Buick... El error en toda la investigación estuvo en que, en 1957, cuando apareció Edsel, la flor se había ido del campo de los precios medios, y estaba empezando un nuevo auge en el campo de los compactos, un área que la investigación de Edsel había pasado completamente por alto.[28]

El último Edsel se fabricó en 1959. La confianza de los ejecutivos de Ford fue sacudida y no presentaron otro automóvil hasta 1964, cuando sacaron el primer Mustang, uno de los automóviles más populares de todos los tiempos.

A las personas siempre les han fascinado los líderes que están dispuestos a arriesgarlo todo. En el último trimestre del siglo XIX, John D. Rockefeller se hizo cargo de la nueva industria del aceite y el gas y la dominó durante décadas. A medida que el país crecía rápidamente, Andrew Carnegie era un león en la industria del acero. En la actualidad, Jeff Bezos, Oprah Winfrey, Steve Jobs, Richard Branson y Elon Musk son nombres conocidos porque apostaron fuerte... y ganaron sus apuestas.

Vamos a cometer errores cuando intentemos vivir en la tensión entre riesgo y seguridad; está garantizado. Si esperamos hasta que el éxito esté cien por ciento asegurado, será demasiado tarde porque otros se habrán lanzado y habrán captado la idea y el mercado. Y si tenemos miedo a perder, no aprovecharemos las oportunidades. Por otro lado, si no dedicamos el tiempo suficiente a investigar y nos lanzamos sin pensarlo mucho, puede que dejemos una estela de sueños rotos (y confianza rota) detrás de nosotros.

En un artículo para *Inc.*, Minda Zetlin cita a un exitoso director general que describe "5 cosas que los líderes más inteligentes saben sobre correr riesgos". Se incluyen:

1. "Cualquier riesgo debería servir a la misión de tu empresa".

   Una subida de adrenalina no es razón suficiente para correr riesgos. Deberían ser estratégicos, haberse pensado meticulosamente y estar alineados con la visión, los valores y metas de la organización.

2. "Realmente tienes que saber tolerar el fracaso y las pérdidas".

   Los líderes que no pueden vivir con el fracaso, y no han aprendido a usar el fracaso para enseñar lecciones a todos en el equipo, quedarán congelados y serán incapaces de intentar nada nuevo.

3. "Está perfectamente bien *no* correr riesgos".

   Es una tontería correr riesgos innecesarios, de esos que no están alineados con la visión de la compañía, los que no encajan en el tiempo de otros planes, y los que costarán demasiado si fallan.

4. "Correr riesgos tiene un costo".

   Muchos riesgos en las empresas e iglesias estiran la economía, lo cual hace que los líderes muevan asignaciones de otras áreas, como la contratación, la infraestructura y otros recursos.

5. "Puede que los esfuerzos arriesgados tarden mucho tiempo en compensarnos".[29]

   Está casi garantizado que el beneficio de la inversión en aventuras de riesgo tarda más de lo que el líder esperaba.

> ***ALGUNOS NECESITAMOS UN LIGERO EMPUJÓN PARA SER UN POCO MÁS AVENTUREROS, Y OTROS NECESITAN PISAR UN POCO MÁS EL FRENO.***

Esta es una tensión con la que vivimos toda nuestra vida. Cada vez que conducimos un automóvil o nos subimos en uno, o escogemos un restaurante, destino vacacional, ropa o una inversión financiera, intuitivamente sopesamos el riesgo y la necesidad de seguridad. Algunos de nosotros necesitamos un ligero empujón para ser un poco más aventureros, y otros necesitan pisar un poco más el freno. Si nos conocemos a nosotros mismos y obtenemos buenos consejos de personas que entienden nuestras tendencias, aprenderemos a vivir con más eficacia en esta tensión.

EL AHORA Y LO SIGUIENTE

El ciclo de vida eficaz de una iglesia es de unos veinticinco años. Si los líderes no se reinventan a sí mismos y relanzan la iglesia, se volverá seca y estancada. Por lo que he visto:

- En los primeros tres a cinco años, la iglesia está estableciendo su identidad. Los líderes enfrentan su primer gran conflicto, a menudo con respecto a la dirección, los recursos y los programas. El líder puede perder algunas personas y finanzas, pero el rebote por lo general es rápido y completo.
- Entre los ocho y diez años, la iglesia sufre un segundo conflicto importante, pero esta vez tiene que ver con las personas. Este suele ser un momento de *o yo o ellos* para el pastor: "O se van ellos o me voy yo". Por ejemplo, un miembro del equipo que operaba adecuadamente cuando la iglesia era más pequeña, no puede manejar el aumento de responsabilidad que viene con el crecimiento. A todos les gusta esa persona y ella ha desarrollado una fuerte red de personas que creen en ella. Moverla a otra función, o si ella se vuelve desafiante al sacarla del equipo, provoca un efecto dominó en toda la iglesia. O puede que el conflicto sea con una o más personas del consejo directivo cuyo apoyo se ha convertido en oposición. Sea cual sea la fuente del alboroto, este es un tiempo de prueba severa. En esta etapa, el pastor debe tomar algunas decisiones difíciles; necesita invertir tiempo y energías en asegurarse de que las personas indicadas estén en sus funciones correctas.

- Entre los años once y trece, la iglesia tiene un ímpetu importante y los programas son en gran medida exitosos. La iglesia está creciendo y todos son optimistas con respecto al futuro. Sin embargo, en esta etapa, el pastor a menudo tiene serias dudas sobre sí mismo, pensamientos que el resto del equipo y la iglesia nunca pensarían que tiene. El crecimiento en la iglesia le hace evaluar si quiere continuar en la función principal de pastor o si cree que Dios quiere que se convierta más bien en un director general. Este puede ser un periodo muy difícil en la vida privada del pastor, incluso aunque todo lo visible vaya excepcionalmente bien. Si escoge cambiar de papel, sus responsabilidades cambian, las prioridades cambian y las relaciones se ven afectadas.
- En este punto, el pastor tiene que tomar una decisión: puede decidir reinventarse, conseguir el apoyo de personas muy competentes, aclarar metas y roles, y trazar un camino para un mayor crecimiento; o puede darse cuenta de que el costo es demasiado elevado para hacer cambios masivos, así que se aleja de cualquier sueño grandioso. Después de todo, la iglesia está creciendo, la congregación está contenta con la dirección actual, y no vale la pena el dolor que supondría una nueva dirección. En lugar de llevar a la iglesia a ser congruente con su nueva visión, es él quien abandona el sueño y se vuelve congruente con la visión existente. No es necesariamente cobardía, pues de hecho puede que sea la personificación de la sabiduría. Si decide implementar la visión extensa y nueva, él y la iglesia pagarán un precio. El esfuerzo de esta etapa hace que muchos se vayan, y si la nueva dirección produce demasiada fricción, puede que el pastor sea uno de quienes salgan por la puerta.
- A medida que la iglesia se aproxima a la marca de los veinticinco años puede encontrar una tormenta perfecta de agotamiento, crecimiento más allá de la capacidad del equipo, problemas económicos y quizá una transición de liderazgo. Puede que el pastor en este momento esté aburrido con lo que ha tenido éxito durante la década previa y quiera hacer algo nuevo, diferente

y atrevido. Cree que tiene abundancia de valor de liderazgo, y supone que todos aceptarán con alegría su nueva visión. Quizá tenga razón y se quede para dirigir una iglesia próspera hasta que se jubile. O puede estar equivocado, en cuyo caso la iglesia se derrumba a su alrededor mientras los sentimientos heridos se multiplican y se convierten en acusaciones y salidas.

Antes de este punto crucial de los veinticinco años, el líder y el equipo de liderazgo tienen que examinar su alma y evaluar prácticamente todo lo que son, todo lo que han sido y todo lo que esperan ser. Hay que tomar decisiones difíciles. Doy consultoría al pastor de una iglesia que está cerca de cumplir su trigésimo aniversario. Él está ahora en el proceso de evaluación. Él y su equipo de liderazgo han estado en un largo proceso de reinvención y relanzamiento de la iglesia con una visión renovada, un equipo simplificado, miembros más jóvenes en el equipo de liderazgo, y algunos líderes jóvenes que aportan energía y la disposición a correr riesgos valientes.

Las empresas también pueden pasar por un ciclo similar de lanzamiento, crecimiento, conflicto, estancamiento y relanzamiento, pero en lugar de veinticinco años, el ciclo completo es probablemente de entre doce a quince. La velocidad del ciclo de vida de una iglesia se ve afectada por la competencia con otras iglesias en la comunidad, pero las empresas tienen competidores mucho más numerosos y agresivos. Por ejemplo, el tipo de plástico usado para las botellas de agua se desarrolló en 1973. Esto permitió a las compañías embotellar y vender diferentes versiones de agua. Cuatro décadas después, el consumo anual de agua embotellada en los Estados Unidos era de 36.700 millones de litros, un promedio de casi 117 litros por persona.[30] Según uno de los conteos, al menos 132 empresas tienen como mínimo una marca de agua embotellada, y compiten ferozmente en el mercado para vender cada gota. Cada empresa tiene que encontrar regularmente maneras de relanzar su marca para emocionar a los clientes. Y ¿qué están comprando? Agua, solo agua.

Varios autores han identificado cinco etapas en el ciclo de vida de una empresa. Yo he adaptado las que enumera y describe Neil Petch, director de Virtugroup, en un artículo para *Entrepreneur*:

1. CONCEPTO

En esta etapa, el emprendedor estudia el mercado, la viabilidad de un producto o servicio, y la factibilidad de obtener un beneficio en un periodo de tiempo razonable.

2. LANZAMIENTO

Quienes lanzan nuevos negocios a menudo cometen el error de descapitalizar sus empresas, así que no tienen unos fondos adecuados en esta etapa crucial. Además, tienen que adaptarse rápidamente cuando descubren que tienen una oportunidad mayor que la que habían pensado o que lo que están ofreciendo no es tan atractivo como habían imaginado.

3. CRECIMIENTO

En este punto, la mayoría de los errores se han resuelto, los sistemas están funcionando, las personas están operando bien, y la empresa está haciendo dinero. Hay una sensación de alivio, mezclada con emoción por el futuro.

4. EXPANSIÓN

Nuevos productos, nuevos mercados y nuevas personas impulsan la compañía hacia adelante para tener más beneficios e impacto. En esta etapa, la planificación es más importante que nunca, aunque parezca que las cosas ya ruedan casi solas.

5. DECLIVE, SALIDA O RELANZAMIENTO

Las oportunidades perdidas y el agotamiento pueden conducir a un declive gradual en la viabilidad de la empresa, o quizá una recesión económica provoca una caída precipitada y catastrófica en las ventas. Si la empresa aún sigue prosperando, los propietarios podrían decidir vender y pasar a otra cosa, o quizá encontrar una energía renovada y relanzar la empresa con nuevos productos, visión y pasión.[31]

Las familias experimentan ciclos y pueden encontrarse con grandes cambios en un corto periodo de tiempo, impulsados por una enfermedad inesperada y grave, una muerte prematura, graduación, matrimonio, ascenso, pérdida de empleo, mudarse a otra comunidad, o decenas de factores más. En casa, en el trabajo y en la iglesia, vivimos en tensión entre el ahora y lo siguiente. Cada etapa tiene sus propias oportunidades, y podemos estar seguros de que enfrentaremos nuevos retos a medida que el tiempo y las situaciones cambian.

Algunas personas prosperan con el cambio, pero muchas se sienten amenazadas por él. La estabilidad es valiosa… hasta que se convierte en la meta principal de una iglesia, una empresa o una familia. Una visión es algo frágil. Puede resultar erosionada fácilmente por el temor o la duda, puede quedar hecha pedazos por el fracaso o la traición, o puede superar la prueba del tiempo y motivar a las personas a lograr más de lo que habían imaginado. Estas tensiones son muy reales. Los líderes sabios las reconocen, viven en ellas y ayudan a su gente a aceptarlas.

PARA PENSAR:

1. ¿Cómo la historia de una persona le retiene o le impulsa hacia adelante? ¿Cómo te ha afectado la historia de tu familia? ¿Cómo continúa afectándote?
2. En tu organización, ¿cómo describirías la tensión entre el flujo espontáneo y sus sistemas y estructuras? ¿Estás contento con esta mezcla? ¿Por qué sí o por qué no?
3. ¿Por qué una *agenda balanceada* no es una meta razonable? ¿Qué lo es?
4. ¿Qué aspectos del viejo sistema todavía funcionan y llevarán a tu organización hacia el futuro? ¿De qué forma los nuevos sistemas (o al menos ajustes importantes en los viejos) serán beneficiosos?
5. ¿Te inclinas hacia correr riesgos o a jugar a lo seguro? ¿Tienes que hacer algún ajuste en tu tolerancia de riesgo? Explica tu respuesta.
6. ¿Por qué es importante entender las etapas de una iglesia, empresa o familia?

PARA APLICAR:

- A medida que leíste este capítulo, ¿qué tensiones descritas aquí te recordaron tus experiencias?
- ¿Cómo respondiste en ese momento?
- ¿Cómo quieres responder la próxima vez?
- ¿A quién conoces que esté experimentando una tensión similar hoy?
- ¿Cómo puedes ayudar a esa persona a aceptar la tensión, resolver la tensión, o usar la tensión para estimular una solución innovadora?

7

TENSIONES AL ENFRENTAR DECISIONES DIFÍCILES

La tensión entre lo que es y aquello con lo que soñamos es importante. No para rebajar lo que tenemos, sino para aferrarnos a ese terreno intermedio porque es ahí donde se produce la magia.
—Susan Branch

Me reuní con un pastor de una iglesia grande y creciente. Me había llamado porque se sentía abrumado y no sabía qué hacer. Después de hablar varias veces y observar su liderazgo, le dije: "Me impresiona cómo ha crecido la iglesia bajo tu liderazgo, pero la estás dirigiendo como si hubiera unas trescientas personas".

Él me miró como si le hubiera dicho que yo era de otro planeta, así que pensé que sería mejor explicárselo. "Todavía quieres estar involucrado en cada decisión, vas a cada reunión, y no parece que hayas distinguido entre las tareas que debes retener y las que tienes que delegar. Con el tamaño de tu iglesia, el número de cosas que tienes que mantener en tu lista de prioridades debería ser bastante limitado, pero ahora mismo parece no tener límite".

Él pareció asombrado, pero también fue capaz finalmente de eliminar la neblina que le había confundido por tanto tiempo. Me preguntó: "¿Qué es lo primero que tengo que hacer?".

Yo le respondí: "Piensa que eres el director general".

"¿Y después?".

Sonreí. "Después tienes que reorganizar todo para asegurarte de delegar bien, y mantendrás el control de cómo están funcionando las cosas. Sigues siendo el líder espiritual de la iglesia, pero el modo en que manejas los sistemas será muy diferente. Tendrás métricas claras de crecimiento, tendrás un sistema de reportes eficaz, tus reuniones estarán más enfocadas, y probablemente necesitarás hacer algunos cambios en el equipo porque algunas responsabilidades pasarán de ti hacia ellos. Muy pronto sabrás quiénes son tus estrellas y quiénes son tus jugadores de plantilla. Te enfocarás en desarrollar relaciones con personas que creen en tu visión y que se convertirán en patrocinadores económicos. Identificarás al 20 por ciento de tu gente que da el 80 por ciento de las donaciones, e identificarás al 5 por ciento que da el 50 por ciento".

Pude ver que la maquinaria había empezado a dar vueltas en su mente. Decidí que era suficiente, así que le dije: "Ese es tu segundo paso... y por ahora, es tu último paso". Ambos nos reímos un rato. Durante los meses siguientes tuvimos muy buenas conversaciones sobre las muchas y difíciles decisiones que él estaba tomando durante la transición. No era solo una transición para él; era también un cambio importante para su equipo de liderazgo. Y lo consiguieron. El pastor tomó decisiones valientes para sacar a algunas personas de su equipo y darles nuevos roles, contratar personas nuevas, crear nuevos sistemas, comunicarse bien y a menudo, y calmar los temores de muchos que tenían miedo a no seguir teniendo un lugar. En poco tiempo se sintió cómodo en su nuevo y doble papel de pastor y director general, y su equipo tuvo confianza en él y en ellos mismos en sus responsabilidades redefinidas. La iglesia siguió creciendo, la mayoría de los miembros del equipo estuvieron a la altura del reto, y el pastor dejó de sentirse abrumado.

LANZAMIENTOS Y CRECIMIENTO

Como hemos visto, experimentamos tensiones en cada campo, cada relación y cada etapa de la vida. Una de las épocas en las que los líderes sienten cantidades desorbitadas de tensión es después de los lanzamientos, ya sea en empresas o iglesias. La visión inicial y el lanzamiento generan suficiente adrenalina para dar electricidad a una ciudad pequeña, pero cada emprendedor enfrenta importantes decisiones que dejan un impacto, para mejor o para peor, durante años venideros. Y esas decisiones a menudo forman o quiebran la aventura en sí.

En las empresas, las estadísticas son impactantes. Los fundadores en pocas ocasiones se convierten en directores generales exitosos durante todo el camino de la vida de su empresa. Los rasgos que los llevaron a conceptualizar y lanzar la empresa no son los mismos que se necesitan para desarrollarla y que sea una empresa estable. En "The Founder's Dilemma" (El dilema del fundador) en *Harvard Business Review*, Noam Wasserman reportó su investigación sobre empresas emergentes:

> Todos los aspirantes a emprendedores quieren ser un Bill Gates, un Phil Knight o una Anita Roddick, pues todos ellos fundaron una gran empresa y la dirigieron durante muchos años. Sin embargo, ser director general y fundador a la vez es una especie muy poco frecuente. Cuando analicé 212 nuevas empresas estadounidenses que surgieron a finales de la década de los noventa y principios de dos mil, descubrí que la mayoría de los fundadores

> cedieron el control de la gestión mucho antes de que sus empresas pasaran a ser públicas. Cuando las empresas tenían tres años, el 50 por ciento de los fundadores ya no eran el director general; en el cuarto año, solo el 40 por ciento seguía aún en la oficina de la esquina, y menos del 25 por ciento dirigía las ofertas públicas iniciales de sus empresas. Otras investigaciones han descubierto posteriormente rasgos similares en varias industrias y en otros periodos de tiempo. Recordamos al puñado de fundadores-directores generales en la América corporativa, pero son las excepciones de la regla.[32]

Wasserman descubrió que cuatro de cada cinco emprendedores se ven forzados a dejar el cargo porque los inversores insisten en alguien con mejores habilidades de gestión. Antes de ese fatídico día, los fundadores por lo general suponían que los inversores creían en ellos y les eran leales, así que la mayoría de ellos quedan asombrados ante esta petición. La resistencia de los fundadores se hace eco entre los empleados que se han incorporado, quienes tienen mucha más fe en ellos que en los inversores.

Casi sin excepción, los fundadores enfrentan decisiones muy difíciles poco después de lanzar su empresa. Tienen que decidir si su meta principal es hacer dinero para sí mismos, o dirigir una empresa exitosa. Si quieren ser ricos, pueden cerrar un trato con los inversores y alejarse con una cantidad de dinero en efectivo considerable; si quieren dirigir una empresa exitosa, tienen que determinar qué papel les viene mejor... y a menudo, no es el de director general. De una forma o de otra, la conexión emocional con la idea inicial del producto, las primeras incursiones en el mercado, la contratación de personas entusiastas, y la inversión de largas horas hacen que los fundadores crean que la empresa es *su bebé*. La tensión con los inversores puede ser intensa y fea. Los fundadores creen que se han ganado la confianza dando todo lo que tenían para hacer que la nueva empresa sea un éxito, pero los inversores miran fríamente a los beneficios, y los sentimientos son prescindibles. Insisten en tener mejores sistemas, líderes de divisiones más hábiles y una mejor gestión financiera. Los inversores a menudo también demandan poder controlar quién está en el consejo directivo, incluyendo la selección del presidente. En todas estas decisiones, el emprendedor puede sentirse apartado, ¡a menudo porque *está* siendo apartado!

Los emprendedores finalmente tienen que tomar la difícil decisión entre la riqueza y el control. Si definen el éxito como quedarse en la posición más alta, retienen el control a costa de perder algunos inversores. Si ceden a las demandas de los inversores de un nuevo líder, puede que salgan con más dinero en sus bolsillos, pero quizá con la decepción de que ahora es otro el que está al mando. O puede que ese haya sido el plan del emprendedor desde el principio.

> ***COMO LOS FUNDADORES EN EL MUNDO EMPRESARIAL, LOS PLANTADORES DE IGLESIAS TIENEN UNA IDEA, UN SUEÑO, Y POR LO GENERAL UN PEQUEÑO GRUPO DE PERSONAS QUE HAN CREÍDO EN SU VISIÓN.***

Los plantadores de iglesias son una especie distinta al resto de nosotros. Como los fundadores en el mundo empresarial, tienen una idea, un sueño, y por lo general un pequeño grupo de personas que han creído en su visión. En lugar de inversores, quizá les respalda su iglesia natal, su denominación, una organización que planta iglesias o sus familias, y con frecuencia una combinación de estas fuentes. Relativamente pocos plantadores de iglesias han participado anteriormente en el lanzamiento de iglesias. Tienen amigos que lo han hecho, han visitado iglesias que son nuevas, y han estado en seminarios, pero el hecho de hacerlo es algo nuevo para ellos.

CUATRO ETAPAS DE LA COMPETENCIA

Hace cinco décadas atrás, el entrenador en gestión Martin M. Broadwell identificó "los cuatro niveles de enseñanza".[33] Pocos años después, Paul R. Curtiss y Phillip W. Warren usaron el modelo de

Broadwell en *The Dynamics of Life Skills Coaching* (Las dinámicas del coaching para habilidades de la vida). Podemos aplicar las cuatro etapas de la competencia para el líder del lanzamiento de una iglesia:

1. INCOMPETENCIA INCONSCIENTE

No saben lo que no saben. La arrogancia o las suposiciones (o ambas) crean enormes quebraderos de cabeza, incluso desde el inicio.

2. INCOMPETENCIA CONSCIENTE

Cuando el pastor inicial estudia y aprende, comienza a darse cuenta de todo el ámbito de lo que no sabe. El líder sabio entiende que tiene mucho que aprender, y es una esponja que absorbe toda la información que encuentra.

3. COMPETENCIA CONSCIENTE

El plantador de la iglesia ha obtenido conocimiento, ha refinado sus habilidades y ha reclutado a algunas personas con talento que son entusiastas y realistas. El líder y el equipo son totalmente sinceros con la tarea que tienen por delante, y están decididos a reunir todos los recursos necesarios para hacer que funcione.

4. COMPETENCIA INCONSCIENTE

Con la experiencia suficiente y la sabiduría que viene del éxito y el fracaso, lanzar y dirigir una nueva iglesia se convierte en una segunda naturaleza para algunos plantadores de iglesias. Esta persona se convierte en un recurso valioso para otros que están deseosos de aprender.[34]

PASTOR Y DIRECTOR GENERAL

Como hemos visto, a medida que las iglesias crecen los pastores tienen otra decisión difícil que tomar: seguir siendo un pastor para todos en la iglesia, o pasar a un estilo de liderazgo distinto como director general. La visión no cambia y los valores fundamentales no se diluyen, pero el concepto que tiene el pastor de su rol cambia para convertirse en un líder visionario. El cambio afecta a cómo se realizan las reuniones, quién está en esas reuniones, cómo se estructura el equipo de liderazgo, el criterio para contratar y ascender, y el proceso de toma de decisiones. Estos cambios por lo general sorprenden a algunos, emocionan a otros, y causan preocupación entre muchos que se preguntan qué significará el cambio para ellos. De hecho, puede que el que más preguntas tenga de todos sea el pastor. Ha servido diligentemente y bien por muchos años con un concepto particular de su papel, así que se siente incómodo, ¡e incluso puede que sienta que es un error! al pensar incluso en este cambio de estilo e identidad.

Las iglesias pueden crecer hasta unas 250 o 300 personas con el pastor en la posición de pastor, pero para crecer por encima de estas cifras se debe realizar la transición. Esto significa, por supuesto, que la función de pastorear la compartirá con otros en el equipo. El pastor principal seguirá pastoreando a algunas de las personas de la iglesia, pero a medida que la iglesia crece, no puede cuidar personalmente de todos. Cuando la iglesia era pequeña, pastorear quizá consumía la mitad del tiempo del pastor, pero a medida que crece tendrá que invertir mucho más tiempo en el trabajo típico de un director general: estudiar opciones, proveer dirección, lanzar visión, crear cultura, tomar decisiones importantes, proveer recursos, y hacer seguimiento para asegurarse de que el progreso va como estaba programado.

Tras haber dado consultoría a pastores a lo largo de muchos años, he observado que a algunos de ellos les cuesta tener un papel dual. Les he explicado que seguirán siendo el pastor cuando añadan el papel de director general, y tienen que ser ambas cosas a la vez. En algún momento, un rol es la prioridad sobre el otro, y eso puede ser complicado. Para el equipo remunerado, el pastor es principalmente el director general que los lidera en la gestión de las cosas de la iglesia. Sin embargo, cuando un miembro del equipo o un líder de la iglesia tiene una necesidad personal, opera como un pastor. Los miembros de la iglesia lo consideran principalmente su pastor y secundariamente el director general de la iglesia. Esta es una distinción crucial: si el pastor no entiende bien esto, antepondrá los proyectos a las personas. Si ve a las personas principalmente como un medio para lograr sus proyectos, los usará en lugar de alimentarlos; los amenazará, empujará o elogiará para manipularlos para cumplir su agenda. Tarde o temprano (y por lo general es temprano) las personas a las que dirige se polarizan: o están con él o están contra él. Esta, creo yo, es la fuente de muchas tensiones en las iglesias en la actualidad. El cambio a un papel dual y factible podría ser necesario, pero no es fácil ni rápido. Se tiene que abordar con sabiduría y humildad.[35]

El cambio, sin embargo, viene con algunos riesgos. Si un pastor opera principalmente como director general, puede que anteponga los proyectos a las personas y los trate como elementos en la maquinaria de aceleración. Cuando esto sucede, las personas se sienten usadas y manipuladas, creyendo que las fuertes declaraciones del pastor son amenazantes y que sus palabras de afirmación no son más que adulación. Se construye confianza cuando los líderes sirven primero como pastores y después como directores generales.

La distinción es importante para todas las personas remuneradas en la iglesia porque se dan cuenta de que fueron contratados por lo que saben y lo que pueden hacer, pero tal vez sean despedidos por quienes son. En otras palabras, la actitud lo es todo. Con demasiada frecuencia he visto a pastores principales cambiar de su rol de pastor hacia el de director general que tiene que despedir a alguien, para pasar entonces a ser el pastor que da al empleado una segunda oportunidad... y a menudo una tercera y una cuarta y... La compasión es un rasgo valioso, pero no debería nublar nuestro pensamiento y acciones sobre alguien cuya actitud está envenenando al equipo. Nuestro cuidado se puede demostrar en cómo los ayudamos a realizar la transición necesaria para salir del equipo.

> ***LA COMPASIÓN ES UN RASGO VALIOSO, PERO NO DEBERÍA NUBLAR NUESTRO PENSAMIENTO Y ACCIONES SOBRE ALGUIEN CUYA ACTITUD ESTÁ ENVENENANDO AL EQUIPO.***

Cuando leo el relato que hace Lucas de la iglesia primitiva en el libro de los Hechos en la Biblia, veo varias decisiones de director general a cargo de los apóstoles. El día de Pentecostés lanzaron una gran visión, y enseguida organizaron a las personas en grupos para cuidar de sus necesidades. Cuando su sistema dejó de funcionar y las viudas de trasfondo griego se sintieron dejadas de lado, los apóstoles no metieron su cabeza en la arena. Vieron el problema, se dieron cuenta de que su sistema no suplía la necesidad, lo cambiaron y reclutaron a las personas adecuadas para dirigir. A medida que la iglesia crecía y se dispersaba debido a la oposición, cambiaron las oficinas centrales de Jerusalén a Antioquía (Ver Hechos 11:19-26). Jerusalén era el centro de la vida religiosa para los judíos y el nuevo grupo de cristianos, pero Antioquía era un centro comercial. Desde allí, el comercio se difundía por todo el imperio; desde allí, el evangelio se podía difundir a los mismos lugares. Los apóstoles estaban respondiendo a la comisión de Jesús de ir a todas las naciones, no solo a los judíos en Palestina.

Cuando Pablo tuvo un encuentro con Jesús en el camino de Damasco y pasó unos cuantos años preparándose para su papel como líder de la iglesia, él y Bernabé lanzaron su primer viaje misionero. Cuando regresaron, tenían noticias asombrosas: ¡los gentiles se habían hecho cristianos! Algunos de los líderes de la iglesia insistían en que esos gentiles se convirtieran al judaísmo y siguieran la Ley para ser cristianos (Ver Hechos 15). Fue, como observó un sociólogo, la primera gran crisis de la historia de la iglesia. Si Jacobo y el concilio de Jerusalén determinaban que las personas tenían que hacerse judías para poder ser cristianas, el nuevo movimiento se hubiera mantenido solo como un brote del judaísmo. Pero si decidían que la fe en Cristo era lo único que necesitaban los gentiles para ser miembros con plenos derechos del cuerpo de Cristo, el movimiento se podía extender exponencialmente. Actuando como el director general de facto, Jacobo habló, tomando la difícil decisión de ir en contra de los líderes muy fervientes y expresivos que se le oponían... y la iglesia creció entre los gentiles. La mayoría de los que estamos leyendo este libro somos parte de la iglesia cristiana gracias a esta monumental decisión.

Pocos años después, Pablo mezcló sus habilidades teológicas, pastorales y de director general para plantar iglesias, ayudarlas a crecer, y multiplicar líderes por todo el mundo romano. En Filipos, primero conoció a Lidia, una mujer pudiente en el mundo de los negocios (Ver Hechos 16). La siguiente persona que conoció Pablo fue una muchacha esclava que estaba poseída por un demonio. Pablo echó fuera al demonio, y los dueños de la muchacha se enfurecieron. Pablo y su compañero Silas fueron arrestados y arrojados a la celda más profunda de la cárcel, donde fueron encadenados. Mientras cantaban alabanzas esa noche, Dios hizo que un terremoto rompiera sus cadenas y abriera todas las puertas de la cárcel. El carcelero estaba listo para suicidarse por la vergüenza de dejar que escaparan los prisioneros, pero Pablo se lo impidió y los condujo a él y a toda su familia a Cristo. La iglesia en Filipos comenzó con una mujer empresaria rica, una muchacha esclava liberada, y la familia de un carcelero... y más adelante Pablo escribió su carta más adorable para darles gracias por su apoyo (Ver Filipenses). En cada ciudad donde Pablo plantaba iglesias, se animaba a los líderes a ser tanto pastores como directores generales. Cuando leemos sus cartas a las iglesias y a Tito y Timoteo, vemos esta poderosa mezcla de papeles.

DECISIONES GRANDES Y PEQUEÑAS

"Todos los hombres son creados iguales", pero nuestras decisiones no. Tomamos incontables decisiones cada día, y muchas de ellas son tan automáticas que ni siquiera pensamos en ellas. Pero si analizamos todas las decisiones de nuestra vida, la mayoría de nosotros podemos identificar algunas decisiones monumentales que han determinado la calidad y dirección de nuestra vida. Yo tengo cuatro: inmigrar a los Estados Unidos en 1973; casarme con Brenda en 1979; dejar el pastoreado para convertirme en presidente de una universidad en 1989; y dejar la universidad en 2003 para convertirme en consultor de liderazgo a tiempo completo. Estas cuatro decisiones son infinitamente más importantes que lo que desayunaré mañana, qué camisa me pondré, la ruta que seguiré en el automóvil, y todas las innumerables decisiones más que he tomado o tomaré hoy. Lo que escoja en ellas será más sabroso, me hará tener un

aspecto mejor, o me hará llegar a tiempo o tarde, pero no afectarán mi vida de una forma material.

El principio de la magnitud relativa en las decisiones es aplicable en cada área de la vida. En las reuniones, un líder y el equipo a menudo tratan veinte decisiones o más, pero por lo general, una o dos son más importantes que el resto. La decisión de dónde construir una casa es *la* decisión; el color de las paredes del salón es *una de innumerables* decisiones. Seleccionar el arquitecto o los planos es *la* decisión; la empresa que instala los paneles de pladur es una de muchas.

> ***LOS ASUNTOS EN UNA AGENDA SON MÁS QUE UNA LISTA DE VERIFICACIÓN. EL TIEMPO QUE INVERTIMOS EN ELLOS DEBERÍA ESTAR BASADO EN SI SON DE PRIORIDAD ALTA, MEDIA O BAJA.***

Los líderes de empresas e iglesias tienen que descubrir cuáles son las decisiones más importantes en cada una de sus reuniones con miembros del equipo, consejos directivos y comités de planificación estratégica. Si todas las decisiones parecen ser igualmente importantes, no dedicarán la atención suficiente a las pocas que merecen más estudio y meditación. Muchos vemos los asuntos en una agenda solo como una lista de verificación. Mientras marquemos cada uno de los puntos, parecen iguales. Pero hay una gran diferencia entre las dos o tres decisiones más importantes y el resto. Es sabio poner al menos una estrella junto a estas antes de reunirse para asegurarse de pasar tiempo suficiente en ellas. De hecho, recomiendo tres categorías de importancia: alta, media y baja. Y si no llegan a los pocos puntos que están en la categoría de baja en la lista de prioridades, pueden volver a ponerlos en la lista para la semana siguiente.

¿Cuáles son las características de esas dos o tres decisiones? Cuando miro la lista de los asuntos de la agenda, instintivamente me hago dos preguntas:

1. ¿Qué decisiones tienen un impacto sostenible? En otras palabras, ¿cuáles son las implicaciones a largo plazo?
2. ¿Cuáles tienen anchura y profundidad de impacto?

Pronto me doy cuenta de que la mayoría de las decisiones de la agenda no están a la altura de estos criterios. No es que sean irrelevantes, sino que no necesitan la misma atención que las que están en la prioridad alta. Los buenos líderes se enfocan en las cosas que son más importantes. Quizá asignan algunas decisiones a su equipo y piden un reporte para la semana siguiente. No todo se tiene que decidir en los niveles más altos de liderazgo.

> ***CUANDO VEMOS TODAS LAS DECISIONES COMO IGUALES, SUBESTIMAMOS LAS DECISIONES PRINCIPALES Y SOBREVALORAMOS TODAS LAS SECUNDARIAS.***

Cuando vemos todas las decisiones como iguales, y quizá las fáciles como más importantes porque marcarlas nos da una rápida sensación de *victoria,* subestimamos las decisiones *principales* y sobrevaloramos todas las secundarias. También fallamos a la hora de ser lo debidamente diligentes para descubrir los puntos que nos ayudan a tomar las decisiones correctas en las más importantes.

Hacer esta distinción, claro está, es una forma de entrenar a todos en el equipo para priorizar algunas decisiones sobre otras. Ellos también tienen reuniones, y serán mejores líderes si se enfocan en lo que es más importante. Y después, esas personas entrenarán a las personas a las que dirigen.

Uno de los factores que moldea las prioridades al menos de algunos líderes no es la respuesta a las dos preguntas que planteé anteriormente. Su principal preocupación es cómo reaccionarán las personas a la decisión, y cambian de idea en base a la respuesta del equipo. Eso es seguir, no liderar.

En la universidad cuando yo era presidente, *la* decisión era enfocar nuestra atención en los estudiantes adultos. Eso condujo a muchas decisiones subsecuentes, como cambiar la configuración de las aulas y reemplazar los pupitres por mesas y sillas almohadilladas para promover la comodidad y la colaboración, iniciar clases nocturnas e instituir la programación de bloques para que los estudiantes pudieran asistir a la universidad solo unas noches por semana en lugar de todas las noches. Por accidente, poco después de implementar los cambios, me di cuenta de que prácticamente todos los estudiantes ahora conducían hasta el campus y se reunían durante una franja de tiempo de tres horas en la noche, así que nuestros limitados espacios de estacionamiento no eran suficientes. Descubrí esta realidad cuando conduje una noche y no pude encontrar un lugar para estacionar. La decisión de enfocarnos en estudiantes adultos tuvo un impacto sostenible, amplio y profundo.

El panorama corporativo está lleno de empresas que no identificaron y respondieron a las preguntas más importantes. Blockbuster hizo la transición de VHS a DVD, pero no hizo el cambio a ver películas en la Internet. Cuando Netflix y Amazon hicieron su jugada en el mercado, Blockbuster se quedó atrás. Dell era la marca preferida en el mundo de la computación, pero solo durante un tiempo. Innovaron vendiendo directamente a los clientes, pero no supieron darse cuenta de que los aparatos celulares eran la nueva ola de la tecnología, y no entraron en el mundo nuevo. Eastman Kodak acaparó el mercado de las cámaras de fotos, y desarrolló consciencia de marca con sus fotografías a color y las cámaras automáticas. Sin embargo, cuando las cámaras digitales se propagaron en la década de 1980, el modelo de negocio de Kodak se quedó obsoleto. Sears, Toys "R" Us, y otras tiendas de ladrillo y cemento están siendo martilleadas por los minoristas en la Internet. Los que saltaron al mercado en línea están compitiendo con el gigante Amazon, pero el resto o está sobreviviendo o rindiéndose. En cada caso, los líderes de la empresa vieron las tendencias, pero no tomaron las decisiones correctas, o no vieron la oportunidad en un principio.

En la actualidad, muchas parejas se casan con una cláusula de escape implícita: si las cosas no van bien, ¡aplicamos la cláusula! En un matrimonio, *la* decisión es permanecer casados. Después, cuando sufren dificultades, no están buscando una vía de escape; están buscando una vía de respaldo. También tienen decisiones clave sobre cómo gastarán, el ahorro y la inversión; cómo educarán a sus hijos; dónde vivirán; cómo priorizarán el trabajo; y cómo se relacionarán con la familia política. Para Brenda y para mí, una de las decisiones más importantes que tomamos fue que nos íbamos a esforzar para enseñar a nuestras hijas las habilidades para saber tomar decisiones.

La tensión entre las decisiones grandes y pequeñas es una en la que la mayoría de nosotros no pensamos, pero si lo hacemos, pasaremos más tiempo asegurándonos de acertar en las grandes.

OBVIO Y AJENO

¿Alguna vez te ha mirado tu cónyuge con *esa mirada* en una cena o una reunión de la empresa, indicándote delicadamente que tienes un trozo de espinaca en el diente o una miga de pan en el labio? ¡Y tú que pensabas que las personas te miraban fijamente porque tenías una personalidad fantástica! La espinaca o la miga era algo obvio para él o ella (y para todos los demás de la mesa), pero tú estabas ajeno a ello.

De hecho, la pelota puede ir en ambas direcciones. A veces somos los únicos que no podemos ver algo que es obvio para todos los demás, pero algunas veces otros están ajenos a lo que es obvio para nosotros. Puede que una persona sea más observadora que otra, o a un nivel más profundo quizá ella tiene una mejor percepción y es capaz de *leer* a otros. Para algunos, este destacado rasgo es simplemente un talento dado por Dios, pero otros quizá han sufrido abuso verbal, físico, emocional o sexual, y se han vuelto *hipervigilan*tes para observar cualquier tono de voz, cualquier gesto y cualquier movimiento del lenguaje corporal como una defensa para que no vuelvan a hacerles daño.

He conocido a personas que son increíblemente perceptivas con los sistemas y procesos, pero no tienen ni idea de qué es lo que inspira y desanima a los integrantes de sus equipos. Y he conocido a muchas personas que tienen una maravillosa perspicacia con las personas, pero sus ojos se pierden cuando hablo de reportar sobre estructuras, sistema de comunicación y procesos de toma de decisiones.

Como líderes y padres, a menudo vemos realidades que nuestros seguidores y nuestros hijos no ven. Muchos nos frustramos y musitamos en voz baja: "¿Por qué no lo ven? ¡Es muy obvio!". El simple hecho es que hemos estado donde ellos están ahora en algún momento del pasado… y quizá no hace mucho tiempo. Y al margen de cuán lejos hayamos llegado, aún hay muchas cosas que no vemos, que no entendemos y que no percibimos. Este hecho nos da una dosis saludable de humildad… y de paciencia. Concluimos que su incapacidad para ver lo que nosotros vemos no les hace malas personas, ni siquiera personas deficientes. Sencillamente estamos un poco más adelantados en nuestra madurez y hemos afilado nuestras habilidades de percepción un poco más. Nuestro valor no está envuelto en lo que sabemos y vemos, y su valor no disminuye por sus limitaciones en lo que saben y ven.

> ***NUESTRO VALOR NO ESTÁ ENVUELTO EN LO QUE SABEMOS Y VEMOS, Y SU VALOR NO DISMINUYE POR SUS LIMITACIONES EN LO QUE SABEN Y VEN.***

En su sermón más famoso, Jesús dio una ilustración que debió haber causado risas en las personas. Fue sobre la percepción y nuestra tendencia a condenar duramente a otros:

> *¿Por qué te fijas en la astilla que tiene tu hermano en el ojo, y no le das importancia a la viga que está en el tuyo? ¿Cómo puedes decirle a tu hermano: "¿Déjame sacarte la astilla del ojo", cuando ahí tienes una viga en el tuyo? ¡Hipócrita!, saca primero la viga de tu propio ojo, y entonces verás con claridad para sacar la astilla del ojo de tu hermano.* (Mateo 7:3-5)

Imaginemos la escena de esta ilustración: un amigo tiene una pequeña viruta de madera en el ojo. Está entrecerrando los ojos y frotándolos. Tú quieres quitársela, ¡pero tienes una viga que sale de tu ojo! No puedes ver nada. Jesús dice: "¡Despierta! ¡Date cuenta de tus propios problemas de percepción antes de correr a corregir la visión de otros!". Esto significa que debería estar más preocupado por mi orgullo, mi autoconfianza hinchada, y mi altanera estimación de mis talentos que de las limitaciones de los que me rodean. La humildad es algo poco frecuente y hermoso. La difícil elección es ser valientes y admitir nuestras propias faltas, nuestra propia pequeñez y falta de amor, pero eso es exactamente lo que se requiere. Entonces, y solo entonces, tendremos la amabilidad y gentileza para sacar la viruta del ojo de otra persona.

LIDERAR Y SERVIR

El experto en organizaciones Tom Peters dijo que la fórmula para el éxito es simple: "Las organizaciones existen para servir. Punto. Los líderes viven para servir. Punto".[36] En estas últimas décadas hemos oído mucho sobre el *liderazgo servicial*. Este concepto nunca se volverá obsoleto. Cada persona en una posición de liderazgo vive en la tensión entre liderar (ponerse delante y retar a las personas a llegar a lo más alto) y desarrollar (ponerse al lado para ayudar a las personas a dar sus pasos siguientes). La misma mezcla de roles se encuentra en el término *pastor visionario*. Hace casi medio siglo atrás, Robert Greenleaf acuñó el término *líder siervo*. Él escribió:

> El líder siervo es primero un siervo... Comienza con el sentimiento natural de que uno quiere servir, servir primero. Después la decisión consciente lo lleva a uno a aspirar a liderar. Esa persona está moldeada de forma distinta al que primero es un líder, quizá por la necesidad de aplacar un impulso de poder inusual o de adquirir posesiones materiales... Quien es primero líder y primero siervo son dos tipos extremos. Entre ellos hay matices y mezclas que son parte de la infinita variedad de la naturaleza humana.
>
> La diferencia se manifiesta por sí sola en el cuidado que pone quien es primero líder en asegurarse de que las necesidades de mayor prioridad de otras personas estén siendo suplidas. La

> mejor prueba, y la más difícil de administrar, es: los que fueron servidos, ¿crecieron como personas? Mientras eran servidos, ¿fueron más saludables, más sabios, más libres, más autónomos, con más probabilidades de convertirse en siervos? Y, ¿cuál es el efecto sobre los menos privilegiados de la sociedad? ¿Se beneficiarán ellos o al menos no estarán más desfavorecidos?
>
> Un líder siervo se enfoca principalmente en el crecimiento y el bienestar de las personas y las comunidades a las que pertenece. Mientras que el liderazgo tradicional por lo general conlleva la acumulación y el ejercicio del poder por alguien que está en la "cima de la pirámide", el liderazgo servicial es distinto. El líder siervo comparte el poder, antepone las necesidades de otros y ayuda a las personas a desarrollarse y desempeñarse lo máximo que puedan.[37]

Los líderes que no luchan con esta tensión o están demasiado lejos por delante y no se molestan en regresar para ayudar a quienes los siguen, o no están delante en modo alguno. Los que son llamados a liderar en empresas, iglesias y familias, necesitan una visión clara y convincente del futuro, junto a la compasión por quienes están dando pasos dubitativos para no quedarse descolgados.

> ***LOS QUE SON LLAMADOS A LIDERAR EN EMPRESAS, IGLESIAS Y FAMILIAS, NECESITAN UNA VISIÓN CLARA Y CONVINCENTE DEL FUTURO, JUNTO A LA COMPASIÓN POR QUIENES ESTÁN DANDO PASOS DUBITATIVOS PARA NO QUEDARSE DESCOLGADOS.***

Enfrentamos un amplio rango de decisiones difíciles. Podemos intentar escapar de estas tensiones insistiendo en que no existen o apoyándonos demasiado en un camino o el otro. Los mejores líderes, sin embargo, aprenden a estar cómodos viviendo en la ambigüedad, aportando claridad donde pueden y consuelo cuando no pueden.

PARA PENSAR:

1. ¿Cuáles son las tensiones entre la energía y la valentía para comenzar una empresa o iglesia, y la tenacidad para seguir esforzándonos y creciendo?
2. Si eres un líder de una iglesia, ¿cómo describirías la diferencia en los roles de un pastor y un director general? ¿Cuándo, si ocurre alguna vez, es bueno y correcto hacer esta transición?
3. ¿Cuáles son las cuatro o cinco decisiones más importantes que has tomado en tu vida? ¿Cómo sería tu vida diferente si hubieras tomado otras decisiones cada vez?
4. ¿Consideran las personas que eres una persona perceptiva? Explica tu respuesta. (¡Y pregúntale a tu cónyuge!).
5. ¿A quién conoces que ejemplifica mejor a un líder siervo? ¿Cuáles son las cualidades de esta persona y el impacto que tiene sobre otros?

PARA APLICAR:

- A medida que leíste este capítulo, ¿qué tensiones descritas aquí te hicieron recordar tus experiencias?
- ¿Cómo respondiste en ese momento?
- ¿Cómo quieres responder la próxima vez?
- ¿A quién conoces que esté experimentando una tensión similar hoy?
- ¿Cómo puedes ayudar a esta persona a aceptar la tensión, resolver la tensión o usar la tensión para estimular una solución innovadora?

8

TENSIONES EN LA COMUNICACIÓN

Un buen oyente no es solo popular en todo lugar,
sino que después de un tiempo sabe algo.
—Wilson Mizner

Un pastor y su equipo de liderazgo me pidieron que me reuniera con ellos porque estaban considerando algunos cambios de gran envergadura y no querían cometer ningún error grave. La iglesia tenía veintiocho años. La demografía de la comunidad en su entorno se había vuelto mucho más diversa, significativamente más joven y secular. Las reuniones de la iglesia y los programas no se habían cambiado prácticamente nada desde hacía más de veinte años atrás, y muchas de las personas en la congregación parecía que habían sido miembros originales. El pastor se daba cuenta de que su iglesia cada vez era más irrelevante para la comunidad.

Durante la década previa, el pastor había instituido algunos cambios, ¡pero las personas de fuera no habían notado diferencia alguna! Las personas que asistían por primera vez tenían la sensación de haber entrado en una escena de la película *Regreso al futuro*. Si vestían pantalones vaqueros y tenían tatuajes, recibían más miradas de reojo que calurosos apretones de manos. Era obvio que la puerta de atrás estaba tan abierta como la del frente, y muy pocos jóvenes se quedaban más de una o dos semanas.

Cuando me reuní con el pastor y su equipo, ellos compartieron su visión y su plan para cambiar la cultura de la iglesia, implementar cambios significativos, y alcanzar a las personas que no se habían sentido bien en la iglesia en años recientes. De hecho, me reuní con varios equipos dirigidos por miembros del equipo ejecutivo, y cada uno de ellos tenía un plan excelente. Juntos, sus ideas y dirección formaban uno de los planes más prometedores que había visto en una iglesia. Les dije que estaba muy impresionado, y después les pregunté cómo iban a comunicar sus planes. El pastor y su equipo me miraron como si les hubiera hablado en un lenguaje antiguo del Medio Oriente. "Bueno", comenzó el pastor lentamente, "no estoy seguro de lo que quieres decir. Vamos a compartir la visión y el plan con la congregación. Eso es bastante obvio, ¿no es así?".

"Realmente no", respondí. Durante el resto de nuestra reunión les expliqué una estrategia de comunicación. Era algo que ellos nunca habían oído, y obviamente nunca lo habían imaginado.

TRANSMITIR Y MOSTRAR EN CASCADA

La oficina del pastor tenía una pizarra blanca. Tomé un marcador y comencé a dibujar una pirámide con varias líneas horizontales. "En la punta estás tú, el pastor. Tú eres el responsable de comunicar la visión, la estrategia y el plan de una forma clara y convincente. Pero ¿quién es tu primera y principal audiencia?". En la segunda línea, escribí: "El equipo de liderazgo". Pregunté a todos: "¿Qué sucedería si el pastor comunicara el plan a la congregación, pero ustedes no estuvieran a bordo?".

"Pues...", algunos de ellos suspiraron. Y uno habló por los demás: "¡Sería un desastre!".

"Precisamente. Hay una gran diferencia en la eficacia de la transmisión de una visión a todos y mostrar en cascada la comunicación de la visión a grupos específicos. Hablemos de lo que significa mostrar en cascada. Entonces... la primera audiencia del pastor es ustedes. Es imperativo para él compartir lo que hay en su corazón, aclarar la dirección, y mostrar a cada uno de ustedes cómo pueden involucrarse en alcanzar a muchas más personas para Cristo". Ahora estaban asintiendo. "Y después, cada uno de ustedes desarrollará un papel clave a la hora de comunicárselo a la siguiente franja de personas". Tardaron unos segundos en asimilarlo, y después les pregunté: "¿Quién va después en la audiencia?".

Alguien dijo algo: "¡Imagino que no es la congregación!". Todos se rieron.

"Del todo correcto", respondí yo. "Entonces ¿quién es?".

El pastor respondió: "Tenemos que conseguir que el consejo de ancianos y nuestros diáconos se apunten a esto. Sin ellos...". No hizo falta que nadie completara su frase.

Les pregunté: "¿Hay líderes importantes en la iglesia que no tengan títulos?".

Alguien dijo: "¡Por supuesto!".

El pastor intervino: "Y estoy pensando que sería bueno tener a los principales donantes bien informados antes que el resto de la congregación para que se animen con su participación".

"¡Ahora lo están entendiendo! Y en cada nueva franja, todos los que están en la inmediatamente superior tendrán un papel que desempeñar en la comunicación de la visión y la estrategia".

Alguien dijo: "Entonces el número de personas que comparte la visión crece con cada franja".

"Exactamente".

Uno de los miembros del equipo preguntó: "De acuerdo, lo entiendo, pero ¿cuándo se lo decimos a la congregación?".

Yo escribí "Congregación" en la penúltima franja, y dije: "Solo cuando lo hayan aceptado todas las franjas que están por encima de ellos en la pirámide".

"¿Y quiénes son las personas debajo de la congregación?", preguntó alguien.

"La comunidad. Cuando se haya acumulado ímpetu con el tiempo, las personas en su iglesia hablarán a sus amigos y conocidos sobre la nueva visión. Y la prensa local querrá dar información sobre lo que ustedes están haciendo".

El pastor se reclinó en su silla y meditó: "Entonces... necesitamos una estrategia de comunicación que gradualmente vaya acumulando ímpetu, que incluya a más personas, responda a más preguntas, y tenga a las personas en cada franja comunicando a la de más abajo... y el éxito no depende solo de mí para que todos se apunten".

El pastor sonrió. "Sam, ¿cómo le llamas a esto?".

"Comunicación en cascada". En este momento, ya teníamos la pirámide completa.

Esta pirámide es una de las formas en que la iglesia se puede organizar. La tuya puede tener más o menos franjas. Mira esta:[38]

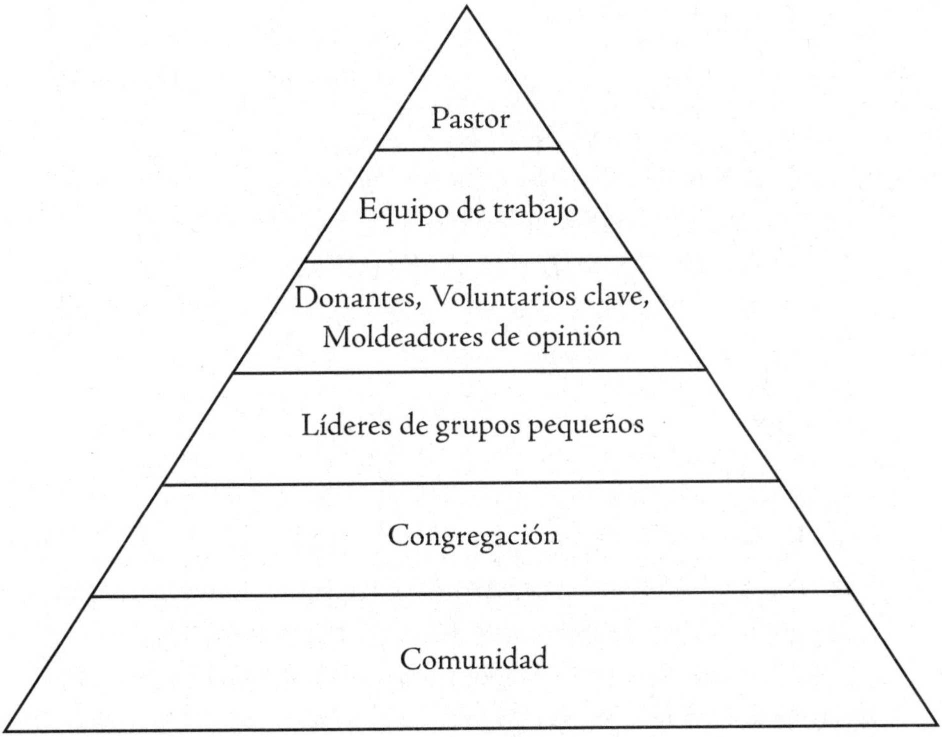

Pasamos el resto de la reunión hablando sobre el quién, cuándo, dónde y cómo de la estrategia de la comunicación en cascada. La transmisión de la visión a la congregación y la comunidad no se produce hasta que cada franja haya sido informada, animada y reclutada para llevar el mensaje de cambio. Se puede producir un daño si los líderes comunican demasiada información demasiado pronto a demasiadas personas. Es muy frecuente que rumores infundados cortocircuiten buenos planes, y la resistencia natural al cambio es prendida en lugar de vencida. Este, creo yo, es uno de los escollos más comunes que tienen las organizaciones cuando los líderes lanzan una visión fresca e intentan implementar los planes. La falta de una estrategia de comunicación crea temores innecesarios, lo cual erosiona la confianza y hace que las personas se atrincheren en sus posturas. Un plan de comunicación en cascada factible multiplica los portadores de la visión, construye entusiasmo, y por lo general da como resultado un proceso de cambio mucho más tranquilo.

> ***SE PUEDE PRODUCIR UN DAÑO SI LOS LÍDERES COMUNICAN DEMASIADA INFORMACIÓN DEMASIADO PRONTO A DEMASIADAS PERSONAS. LOS RUMORES INFUNDADOS PUEDEN CORTOCIRCUITAR BUENOS PLANES, Y HACER QUE SE PRENDA LA RESISTENCIA NATURAL AL CAMBIO.***

Cada franja de personas tiene necesidades de información específicas. Por esta razón, el esqueleto sigue siendo el mismo, pero *la carne sobre los huesos* se confeccionará según la audiencia. Este es un plan que a menudo recomiendo a pastores y líderes de empresas:

1. Cada reunión se construye sobre la reunión anterior; las personas de la segunda franja asisten a la reunión para la tercera franja, los que están en la tercera franja asistirán a la reunión para la cuarta franja, y así sucesivamente.
2. En cada reunión, comunica por qué estás hablando a ese grupo específico. En otras palabras, comunica cómo cada grupo puede contribuir de forma concreta al cumplimiento de la visión.
3. En la reunión, afirma a las personas que están en las franjas anteriores (que están en la sala) por su compromiso con el proyecto.
4. Utiliza siempre ejemplos e ilustraciones que sean relevantes para la franja a la que te diriges. Por ejemplo, los beneficios que describas para el equipo de trabajo serán de algún modo distintos a los que expliques a los donantes clave o los líderes de grupos pequeños o la comunidad.
5. Comunica una dirección clara, detalles específicos suficientes, y la cantidad de emoción correcta para que las personas sepan que esto es importante para ti.

6. Para las primeras dos o tres franjas no tengas un tiempo de preguntas y respuestas porque probablemente no tengas aún las respuestas suficientes, y no queda bien que digas demasiadas veces: "No lo sé". A medida que obtengas más respuestas y te sientas más cómodo, ten un tiempo de preguntas y respuestas según vas comunicando en las franjas.
7. Antes de terminar, pregunta: "¿Cuál es el mensaje principal que se llevan de esta reunión?". Esto consigue dos cosas: primero, te deja saber cuánto entendieron tu visión; y segundo, su verbalización refuerza su compromiso con la misma. Quizá te des cuenta de que tienes que aclarar un punto o enfatizar algo específico para este grupo.
8. Incluso cuando tengas un tiempo para preguntas y respuestas, no termines cuando se acabe este tiempo. En cambio, haz la pregunta sobre qué se llevan de la reunión, y después termina en un tono positivo con una frase de cierre para compartir tu corazón y tu esperanza para la iglesia o la empresa.
9. Es posible tener varias reuniones seguidas con distintas franjas un sábado, programando unos treinta o treinta y cinco minutos para cada una con un pequeño receso entre ellas. Los puntos de la conversación serán los mismos, pero las ilustraciones cambiarán según la audiencia. Cada grupo se involucrará al menos en dos de estas reuniones: una cuando oigan la visión por primera vez, y la segunda cuando te oigan comunicárselo a la siguiente franja.
10. Tras esta *siembra profunda* de las franjas de líderes, predica una serie a la congregación que incluya cuatro mensajes:
    - Primer fin de semana: comunicar un resumen general de la visión.
    - Segundo y tercer fin de semana: compartir el plan y los beneficios.
    - Cuarto fin de semana: hablar sobre la diferencia que producirá el cambio en la congregación y en la comunidad. Crea

entusiasmo con camisetas, pancartas, una página en el sitio web, frases en las redes sociales, y quizá una nueva canción sobre la visión.

Una visión clara y persuasiva tendrá tres efectos importantes. Provocará:

1. *Sinergia,* haciendo que las personas se unan para cooperar y organizar planes para un máximo impacto.
2. *Estímulo,* invitando a un compromiso fuerte y profundo.
3. *Energía,* creando entusiasmo y participación.

¿Cuándo puede usar un líder una estrategia de comunicación en cascada? Siempre que haya un cambio significativo de dirección, siempre que pudiera haber un malentendido, y siempre que anticipe resistencia. En otras palabras, ¡más a menudo de lo que te imaginas!

La tensión para la mayoría de los líderes es que son personas de plataforma que están acostumbrados a transmitir sus mensajes a todo el que los escuche, pero cuando están cambiando la dirección de la iglesia tienen que frenarse, identificar las franjas de liderazgo y participación, y conseguir pacientemente los compromisos de un grupo antes de pasar al siguiente.

DE LA GENERACIÓN CALLADA A LA GENERACIÓN Z

Se han escrito cientos de miles, quizá millones, de páginas sobre las diferencias entre las generaciones. No tenemos que profundizar en los detalles de todas las diferencias. En cambio, quiero enfocarme en algunas ideas y principios que ayudarán a los líderes a conectar con las mentes y corazones de todos los grupos de edades.

Por lo general, a medida que las generaciones avanzan de las más antiguas a las más recientes, las personas cambian poco a poco de lo concreto a lo abstracto y lo emocional. Anteriormente en este libro vimos las diferencias en cómo cada generación ve el trabajo. Aquí, nos enfocamos ahora en las diferentes formas en que se comunican.

- *La Generación callada* (nacidos entre 1925 y 1945) tiene esta etiqueta porque la mayoría de las personas de esta época pasaron la Gran Depresión y la Segunda Guerra Mundial trabajando duro sin quejarse. Al trauma de estos dos grandes eventos le siguieron las amenazas de la Guerra Fría con la Unión Soviética y el sentimiento de anticomunismo. Las personas tenían miedo a hablar, así que sus opiniones se silenciaban con eficacia. Rápidamente están dejando el escenario de nuestras comunidades.
- *Boomers* (nacidos entre 1946 y 1964): por lo general están orientados a las metas y valoran las recompensas económicas y el prestigio. No exigen mucha retroalimentación de afirmación.
- *Xers* (nacidos entre 1965 y 1980): a menudo reaccionan a la inclinación de sus padres y en su lugar persiguen el balance entre el trabajo y la vida personal. Aun así, son soñadores. Componen el 55 por ciento de las empresas emergentes.
- *Mileniales* (nacidos después de 1980): han sido estudiados incesantemente para descubrir qué les hace distintos a las demás generaciones. Muchos gerentes han intentado averiguar qué les motiva. Los mileniales ven sus habilidades como bienes para contratar y obtener beneficio, y siempre están listos para encontrar un trabajo mejor. Prefieren horarios flexibles, y el entorno de trabajo podría ser más importante que el salario.
- *Generación Z* (nacidos después del 2000): se les da muy bien la tecnología porque han crecido con ella, pero más de la mitad prefiere la comunicación interpersonal. Un estudio de Deloitte muestra que los jóvenes en este segmento serán los mayores y más diversos del país en los próximos años. Como se criaron en la estela de la Gran Recesión, los expertos supusieron que serían "un grupo pragmático, con aversión al riesgo y nada emprendedor motivado por la seguridad en el trabajo". Pero el estudio reveló un cuadro distinto: ellos "valoran el salario menos que las demás generaciones: si les dan a escoger entre aceptar un salario mejor, pero con un trabajo aburrido, contrario a un trabajo más interesante pero no tan bien remunerado, la Gen Z estaba muy

> dividida con respecto a la elección... Las empresas y los jefes tendrán que resaltar sus esfuerzos por ser buenos ciudadanos globales. Y la acción habla más que las palabras: las empresas deben demostrar su compromiso con un conjunto más amplio de retos sociales como la sostenibilidad, el cambio climático y el hambre".[39]

Creo que la pasión, los talentos y el idealismo de la Gen Z tiene el potencial de ser la mayor fuerza para el bien desde el drástico auge de la participación social y las misiones después de la Segunda Guerra Mundial.

> ***LOS LÍDERES MÁS JÓVENES PUEDEN MALENTENDER EL IMPULSO Y LA LEALTAD DE LA GENERACIÓN MAYOR, Y LOS LÍDERES MAYORES PUEDEN INTERPRETAR MAL LA FLEXIBILIDAD DE LAS PERSONAS JÓVENES AL CONSIDERARLA UNA FALTA DE COMPROMISO.***

Por lo general, "hablamos el lenguaje" de las personas de nuestra generación. Los líderes más jóvenes pueden malentender el impulso y la lealtad de la generación mayor, y los líderes mayores pueden interpretar mal la flexibilidad de las personas jóvenes al considerarla una falta de compromiso. En un artículo para *Inc.*, el autor cita al entrenador corporativo Bruce Mayhew:

> Para dirigir a otras generaciones tenemos que aprender a ser conscientes los unos de los otros y tratarlos como individuos. Al margen de a qué generación pertenezcamos, es demasiado fácil seguir haciendo lo que estamos haciendo ahora y actuar como si a cada generación le motivara (o debiera motivarle) las mismas cosas que a nosotros... Siempre tenemos que ser conscientes de nuestras acciones y estar abiertos a escucharnos unos a otros. Usemos las habilidades y metas de cada uno.[40]

Muchas de las personas que han estado por aquí mucho tiempo están bastante contentas de que tu organización mantenga la misma cultura y programas. Se resisten al cambio, pero su resistencia cierra efectivamente la puerta a las personas creativas, llenas de energía y que aportan una sensación de aventura. Esta es una tensión que sufren prácticamente todos los pastores. ¿Es posible unir la brecha entre generaciones? En un artículo en *Christianity Today* titulado "The Price of Progress" (El precio del progreso), el pastor Stuart Briscoe aconseja a los pastores que se pregunten si una decisión llevará a la iglesia hacia delante o la desviará de su misión principal. Plantear preguntas difíciles, observa él, a menudo producirá respuestas difíciles. Cuenta la historia de un encuentro que tuvo poco después de convertirse en el pastor de la Iglesia Elmbrook. Descubrió que cien jóvenes se reunían en la casa de una pareja de la iglesia. Eso eran muy buenas noticias, pero después se enteró de que todos se habían ido de la iglesia porque sentían que era irrelevante. Él decidió ir a la casa para reunirse con ellos. Cuando les preguntó por qué se sentían así, uno de ellos habló y dijo: "Hemos entendido el mensaje de que no somos bienvenidos".

Briscoe miró alrededor de todo el grupo y les dijo: "Bueno, ustedes son perfectamente bienvenidos. No solo son bienvenidos, sino que es imperativo que vengan de inmediato. Ustedes necesitan pertenecer a una congregación de creyentes, y nosotros necesitamos su empuje y entusiasmo".

Dos semanas después un domingo en la mañana, aparecieron... y llegaron a la iglesia de vestimenta formal de Briscoe vistiendo camisetas y pantalones vaqueros. "Una muchacha llevaba una bandera de los Estados Unidos cosida a la trasera de su pantalón. Otros llevaban cruces grandes que parecían haber sido robadas a un arzobispo". Las personas de la congregación los miraba con una mezcla de suspicacia y horror.

Unos días después, uno de los líderes laicos entró en la oficina de Briscoe y le expresó su preocupación. Le explicó que él y su esposa, y muchos otros padres de su generación en la iglesia, habían trabajado mucho para mantener alejados a sus hijos adolescentes de malas influencias como el grupo que había llegado a la iglesia esa semana. Insistía en que Briscoe los mantuviera lejos de los jóvenes que asistían regularmente a la iglesia. Terminó con la demandante pregunta: "¿Lo entiendes?".

"Por supuesto que lo entiendo", respondió Briscoe. "La política que me sugieres es similar a la que tienen en Sudáfrica. Se llama apartheid, y está basada en el prejuicio y el temor". Briscoe quería identificarse con la preocupación del hombre y a la vez corregir su perspectiva. Continuó: "Entiendo esas emociones porque yo mismo lucho con ellas, pero no tienen cabida alguna en la comunidad de creyentes. Estoy comprometido en esta iglesia a este tipo de diversidad".

Él estaba tomando *la* decisión sobre la dirección de la iglesia, lo cual daría como resultado miles de decisiones más como consecuencia. Podríamos sospechar que el líder laico se marchó enojado, pero no lo hizo. Cuando entendió que Briscoe no cambiaría, le ofreció comenzar una clase para los padres que están lidiando con sus hijos adolescentes. Briscoe se quedó asombrado por la oferta y enseguida accedió. La clase fue tan exitosa que pronto tuvo una lista de espera de personas que querían asistir. Poco menos de un año después, la clase terminó sin planes para el semestre siguiente. Cuando Briscoe preguntó por qué no seguiría, el hombre explicó: "Porque los problemas se han resuelto". De hecho, en un drástico e impactante giro, estudiantes que no asistían a la iglesia comenzaron a pedir a los adultos de la iglesia que les ayudaran a entender a sus padres.

La decisión de recibir a los adolescentes en la vida de la iglesia fue, estoy seguro, una que Briscoe identificaría como una de las más importantes en su ministerio. Tuvo un impacto a largo plazo, y su influencia fue profunda y a la vez amplia. Él concluyó: "Si queremos capear una tempestad, que sea porque estamos navegando en un océano embravecido y no en una tetera".[41]

Las Escrituras muestran un patrón claro de la importancia de pasar el manto de liderazgo de una generación a la siguiente. Los patriarcas tuvieron un linaje familiar desde Abraham a Isaac y Jacob. Moisés entrenó y preparó a Josué para dirigir al pueblo de Dios para cruzar el Jordán y entrar a la Tierra Prometida. Elías se convirtió en el mentor de Eliseo y lo entrenó tan bien que Eliseo pidió y recibió una "doble porción" del poder espiritual de Dios. Vemos claramente la transferencia de autoridad en la carta de Pablo a Timoteo. Él instruyó a su joven pupilo:

> *Así que tú, hijo mío, fortalécete por la gracia que tenemos en Cristo Jesús. Lo que me has oído decir en presencia de muchos testigos, encomiéndalo a creyentes dignos de confianza, que a su vez estén capacitados para enseñar a otros.* (2 Timoteo 2:1-2)

Pablo no se contentaba solamente con que Timoteo prosperara en el liderazgo. Visualizaba cuatro generaciones de creyentes, con la implicación de que la transferencia continuaría hasta que Jesús regrese: de Pablo a Timoteo, a personas dignas de confianza, y a otros. Pablo y Timoteo tuvieron que aprender a conectar y a motivar a las personas de generaciones sucesivas. Y nosotros también debemos hacerlo.

CALLADOS Y EXPRESIVOS

Los iguales se atraen. Esto significa que los líderes por lo general se fijan más en las personas que son parecidas a ellos: expresivas y entusiastas. Gravitan hacia quienes son elocuentes y que, al menos de vez en cuando, son un poco verbosos. Los predicadores valoran a los predicadores, los visionarios aprecian a los visionarios, y a las personas emocionadas les gusta estar con los que se apasionan por una causa. Estos líderes quizá suponen que una persona callada no está involucrada y, de hecho, es aburrida. He descubierto que eso es a menudo una falsa suposición.

He estado en una reunión de un equipo ejecutivo en la que una de las personas (a la que llamaré Janice) opina sobre la idea de un líder y ofrece con entusiasmo formas de implementarla. A lo largo de la reunión, Janice está sentada al borde de su asiento, comentando las ideas de otros, afirmando las frases del líder y añadiendo mucha adrenalina a cada parte de la conversación. Durante todo este tiempo, otra persona del equipo (a la que llamaré Bill) ha estado escuchando y tomando notas, pero no ha dicho ni una sola palabra. Cuando el líder pide comentarios sobre una idea en particular, Bill escucha y asiente, pero no da ninguna opinión. Cuando termina la reunión y el líder reparte tareas, ¿quién crees que recibe el papel más importante? Janice, por supuesto. El líder está convencido de que sus habilidades verbales se traducirán en talento de gestión.

Él no ignora a Bill; todo lo contrario, pero es muy consciente de que Bill ha estado callado, y ha llegado a la conclusión de que Bill ha estado garabateando o escribiéndole una nota a alguien en vez de prestar atención. Una semana después, cuando a Janice le cuesta poner los conceptos en práctica porque le faltan habilidades de gestión, el líder se sorprende, pero lo pasa por alto (Ha sucedido muchas veces). Pero el líder no ha recurrido a las extraordinarias habilidades de Bill para planificar, encontrar una estrategia, delegar y gestionar tareas. Él solo le da a Bill las tareas más tediosas y ni siquiera se preocupa de comprobar cómo ha desempeñado Bill su función. El líder ha sacado una fuerte conclusión basada en las cualidades verbales que son más parecidas a las que él tiene, lo cual ha derivado en dos errores en su liderazgo.

Un líder sabio reconoce esta tensión; los líderes mediocres suponen cosas. En cada reunión, una o dos personas son más expresivas que las demás, pero puede que no sean la mejor opción para organizar un programa o dirigir un equipo para conseguir una meta concreta.

Todos vivimos con la tensión de saber cuándo hablar y cuándo estar callados (¡Pregúntale a tu cónyuge y lo sabrás!). Tenemos que leer la situación, leer a la persona, leer nuestras tendencias naturales y hacer los ajustes que sean necesarios. La gran mayoría de las veces no necesito decirle nada a Brenda para corregir su pensamiento porque ella ya es consciente de ello. Por otro lado, ella a menudo tiene que vencer su reticencia natural y hablar para desafiar mi pensamiento o mis planes (o falta de planes). Cuando los que hablamos a menudo nos dirigimos a una audiencia, tenemos que *leer la sala* y confeccionar a medida nuestros puntos y nuestras historias para que se adecúen al momento. Del mismo modo, los esposos, esposas, padres, líderes, miembros de equipos y amigos tienen que leer a la persona que tienen delante de ellos y hablar apropiadamente… o no decir nada.

Hemos oído el viejo dicho: "Palos y piedras pueden romperme los huesos, pero las palabras nunca pueden herirme". Esa es quizá la frase menos acertada que he oído jamás. Las palabras tienen un poder increíble para hacer daño o para sanar.

Santiago nos recuerda que tengamos mucho cuidado con lo que sale de nuestra boca:

> *Todos fallamos mucho. Si alguien nunca falla en lo que dice, es una persona perfecta, capaz también de controlar todo su cuerpo... Con la lengua bendecimos a nuestro Señor y Padre, y con ella maldecimos a las personas, creadas a imagen de Dios. De una misma boca salen bendición y maldición. Hermanos míos, esto no debe ser así. ¿Puede acaso brotar de una misma fuente agua dulce y agua salada? Hermanos míos, ¿acaso puede dar aceitunas una higuera o higos una vid? Pues tampoco una fuente de agua salada puede dar agua dulce.* (Santiago 3:2, 9-12)

Para quienes son expresivos como yo, es tentador llenar cualquier silencio con muchas palabras. Temo que muchas veces he impedido que las personas compartan oro porque salté demasiado rápido para llenar el aire con cobre. Si me hubiera esperado dos segundos más, habría oído algo sabio y maravilloso, pero fui impaciente.

En su carta a los Tesalonicenses, Pablo nos da un marco muy claro para nuestra comunicación:

> *Hermanos, también les rogamos que amonesten a los holgazanes, estimulen a los desanimados, ayuden a los débiles y sean pacientes con todos.* (1 Tesalonicenses 5:14)

Lee a la persona, lee las emociones, y lee la presión bajo la que está la persona, y después habla adecuadamente.

A veces necesitamos la valentía para hablar, y a veces necesitamos la sabiduría para sujetar nuestra lengua, y siempre necesitamos el discernimiento para conocer la diferencia. Vivimos en un mundo ruidoso, y parece que todo el mundo está siempre conectado a un teléfono, o escuchando música o podcasts, o cualquier otra cosa. No me malentiendas:

no estoy diciendo que estas cosas sean malas o que esté mal hacerlas, sino que estoy sugiriendo que necesitamos al menos un poco de tiempo al día para el silencio. Nuestra mente no puede despejarse cuando estamos continuamente llenándola de sonidos.

> ***A VECES NECESITAMOS LA VALENTÍA PARA HABLAR, Y A VECES NECESITAMOS LA SABIDURÍA PARA SUJETAR NUESTRA LENGUA. SIEMPRE NECESITAMOS EL DISCERNIMIENTO PARA CONOCER LA DIFERENCIA.***

DIRECTO Y AMABLE

En la carta de Pablo a los cristianos en Éfeso empleó los tres primeros capítulos describiendo el fundamento de la fe. Después, en los tres últimos capítulos él explica cómo es la fe genuina en la vida real, o más bien debería decir cómo *puede* ser. Una frase corta, pero poderosa sobre nuestras relaciones es que Dios quiere que *"[hablemos] la verdad con amor"* (Efesios 4:15, NTV). Esto, como estoy seguro de que sabrás, es más fácil decirlo que hacerlo.

Tendemos a inclinarnos hacia una dirección o la otra. Algunos estamos decididos a decir la verdad al margen de cómo les suene a los oyentes. Afirmamos que eso es lo que hizo Jesús en sus conversaciones con los fariseos, y nos sentimos completamente justificados para acribillar a otros. Nuestro mensaje se entiende como duro y condenatorio, especialmente para las personas sensibles. ¿Por qué apalear a las personas con la verdad? Porque es eficaz: la mayoría de las personas están tan intimidadas que nos dejan hacer las cosas a nuestra manera.

Pero otros estamos en el otro extremo de la cuerda. Quizá hemos resultado heridos por palabras duras en el pasado, o quizá es solo que nuestro temperamento es amable, pero sea cual sea el caso tendemos mucho hacia la amabilidad... a veces a expensas de la verdad.

Racionalizamos que no queremos herir los sentimientos de nadie, que no responderán bien, que no pueden evitarlo, o que su conducta ofensiva realmente no es tan mala. Cuando llega la hora de la verdad y es necesaria una conversación sincera, nos retiramos de la mesa.

> ***EVITAR LA TENSIÓN ENTRE LA VALENTÍA Y LA AMABILIDAD NOS EMPUJA A CONVERTIRNOS EN LEONES QUE SE AUTO JUSTIFICAN O CORDEROS INOFENSIVOS.***

"*Verdad con amor*". Valentía y amabilidad. Ambas, no una o la otra. Evitar la tensión nos empuja a uno de los dos extremos, y nos volvemos o bien leones que se auto justifican o corderos inofensivos, ¡y nos sentimos perfectamente bien al respecto! Para vivir en la tensión tenemos que conocernos y conocer a nuestra audiencia, aunque solo se trate de una persona. Los que tienden a decir la verdad sin amor tienen que sentarse, calmarse, reconocer que estamos usando la verdad para manipular y conseguir lo que queremos, y rebajar la intensidad haciendo preguntas que muestren que valoramos a la persona, no preguntas que sean martillos bien disfrazados. Y los que no queremos hacerle daño ni a una mosca diciendo algo que pueda ser correctivo tenemos que darnos cuenta de que nuestra reticencia es realmente cobardía. Nos estamos protegiendo en vez de valorar la integridad de la relación.

Uno de los principios de liderazgo más importantes que he aprendido es que las personas son diferentes. (Sí, ¡sé que estás pensando que este hecho es muy obvio!). Cuando nos relacionamos con personas de nuestros equipos o familias, no siempre el mejor enfoque es "tratarlos como queremos que nos traten a nosotros". Estoy seguro de que suena a herejía, pero permíteme explicarlo. Tenemos que conocer a nuestra audiencia: las personas que están sentadas enfrente de nosotros. Lo único que necesitan algunas personas es el más mínimo indicio de que necesitan un cambio de actitud o conducta, y eso es suficiente para producir un cambio verdadero. Pero otras personas necesitan un método más directo: no lo captan si somos demasiado circunspectos o evasivos. Necesitan que los miremos a los ojos, describamos su error, y les digamos exactamente en qué deberían cambiar. El problema, por supuesto, es que las personas sensibles responden de manera excepcional al segundo método, el directo, pero a menudo responden por temor o vergüenza. Y los otros, a los que llamaremos el grupo menos sensible, no entienden nada si no somos lo suficientemente directos. Creo que muchos de los problemas que tenemos en las relaciones son el resultado de no entender a nuestra audiencia. Somos demasiado duros con los sensibles y demasiado blandos con los que necesitan que seamos directos.

Voy a identificar un punto más de tensión relacionado con la valentía y la amabilidad. Algunos somos radicalmente distintos en un entorno o en otro. Puede que seamos tigres en la Internet, aportando puntos de vista extremos sobre algo que enciende nuestra pasión, pero somos corderos inofensivos en persona. O puede que seamos intrépidos en la plataforma, pero reacios a decir cosas duras en persona o a nuestros equipos. Integridad es ser la misma persona en todos los lugares y en todas las relaciones.

Conoce tu tendencia a estar en un extremo o el otro, y conoce a la persona con la que estás hablando. Con la sabiduría que obtenemos de esta doble percepción confeccionamos a medida nuestra comunicación para que encaje en el momento.

PERSONAL Y DIGITAL

¿Cuántas veces has enviado un email o un mensaje de texto que no se recibió exactamente como tú querías? A mí me ha pasado, y ¿cuántas veces has enviado un email sensible a la persona incorrecta? Sí, también me ha pasado. Me encanta la tecnología moderna y las increíbles oportunidades de conectar con personas: con los que están en la sala contigua o los que están en el otro lado del mundo. Pero tenemos que entender el poder de la comunicación digital y también sus limitaciones.

Las conexiones personales (cara a cara, videoconferencia y teléfono) son necesarias en varias circunstancias, por ejemplo, cuando:

- Debemos comunicar emoción de forma precisa.
- La relación es vulnerable.
- Estás usando un matiz, como el humor, que se puede malinterpretar fácilmente.
- *Todas mayúsculas* no capta el tono que quieres expresar.
- No puedes correr el riesgo de que te malentiendan.

Hay un líder que sugiere dar siempre un paso hacia ser más personal: si has enviado un mensaje de texto rápido, envía un email; si has enviado un email, haz una llamada; si has hecho una llamada, haz una videollamada; si has hecho una videollamada, programa una salida a tomar café o almorzar con la persona. Y siempre que envíes un texto o un email, léelo dos veces ¡y revisa el nombre en la casilla de la persona destinataria! Solo se tarda unos segundos más, pero si no lo haces te garantizo que habrá veces en las que desearías haberlo hecho.

> ***CADA VEZ QUE ENVÍES UN MENSAJE O UN EMAIL, LÉELO DOS VECES ¡Y REVISA EL NOMBRE EN LA CASILLA DE LA PERSONA DESTINATARIA! SI NO LO HACES, TE GARANTIZO QUE HABRÁ VECES EN LAS QUE DESEARÍAS HABERLO HECHO.***

Las *habilidades sociales* de la comunicación personal son difíciles de medir, pero son poderosas a la hora de modelar la cultura de una relación u organización. Hoy día podemos colaborar en proyectos y planificar eventos de forma muy eficaz usando la tecnología, pero hemos de recordar los beneficios de las conexiones personales. Los lugares de trabajo remotos son convenientes y eficaces, pero raras veces producen valores compartidos y una sensación de comunidad. Cuando estamos juntos físicamente podemos captar mensajes no verbales y lenguaje corporal que se pierden en los mensajes de texto, los emails y las conversaciones telefónicas. Los contactos cara a cara dan a ambas partes mayores oportunidades de aclarar cualquier cosa que se haya malentendido. En un artículo sobre el lado positivo de las conexiones más cercanas, Megan Baker y Jelena Milutinovic comentan:

> Cuando tratemos asuntos sensibles, guardemos el teléfono, alejémonos del teclado y hagamos el esfuerzo de conectar en persona; será crucial para un resultado exitoso. Ya sea que estés dando retroalimentación específica a un miembro de tu equipo o tratando un asunto con un colega, se puede malinterpretar o perder mucho cuando dicha comunicación se hace vía tecnológica. Enfócate en tu resultado deseado y prepárate considerando la mentalidad y las posibles reacciones de aquel con quien te comunicarás. Esto puede ayudar a convertir una conversación difícil en una interacción para construir confianza.[42]

Muchas iglesias han dado grandes zancadas en los últimos años para alcanzar a sus homólogos en la empresa usando la tecnología para conectar con su audiencia. Ponen sermones en sus páginas web y aportan un amplio rango de información importante para las personas que tienen curiosidad sobre la iglesia y también para los que asisten regularmente. Además, bastantes pastores tienen una fuerte presencia en las redes sociales. El panorama siempre está cambiando, sin embargo, así que es importante que los líderes de iglesias hagan regularmente tres preguntas:

1. ¿Cuál es la calidad de nuestra tecnología actual?
2. ¿Qué aspectos de nuestra tecnología tenemos que mejorar?
3. ¿Qué nueva tecnología mejoraría nuestros esfuerzos?

La tecnología ha facilitado que las personas *vayan a la iglesia* sin aparecer realmente. Pueden ver y escuchar… y no solo a su propio pastor, sino también a los principales pastores del país y del mundo. Eso no es ni bueno ni malo; es solo un hecho. Tenemos que asegurarnos, no obstante, de no poner el vagón de la tecnología por delante del caballo de la misión.

En un artículo titulado "Grow Your Church by Embracing Technology" (Haz crecer tu iglesia aceptando la tecnología), el escritor Daniel Threlfall da este consejo:

> Relaciona la tecnología con la misión de la iglesia. Sin una misión clara para la iglesia, cualquier iglesia es seguro que tendrá problemas en todas las áreas, no solo en la tecnología. Una fuerte misión de iglesia funciona como un ronzal para atar a las iglesias a un amarre bíblico. Este no es el lugar para una discusión sobre la misión de la iglesia, pero puede servirte bien para pensar seriamente en desarrollar una misión para tu iglesia, y después relacionar la tecnología en la iglesia con su lugar adecuado dentro de la misión de la iglesia. Recuerda: la misión debería ir primero, seguida de la integración de la tecnología.[43]

La comunicación es la savia de un líder. Vivimos en múltiples tensiones, pero con algunas ideas para afilar nuestro enfoque y eliminar distracciones tendremos una visión más clara, moveremos más corazones, y lograremos más para el reino de Dios. ¿Acaso no es esa la razón por la que estamos haciendo esto?

PARA PENSAR:

1. ¿Cómo identificarías las distintas franjas en tu iglesia o empresa?
2. ¿Cuáles son los beneficios de la comunicación en cascada para un cambio significativo en la dirección de tu empresa o iglesia?
3. ¿Cuáles son tus principales desafíos para comunicarte con varias generaciones? ¿Cómo estás haciendo frente (o vas a hacer frente) a esos desafíos?
4. ¿Quiénes son las personas de tu equipo que se parecen más a ti? ¿Reconoces que tiendes a valorar sus opiniones y talentos más que los de otros? Sé sincero, y explica tu respuesta.
5. ¿Dónde te encuentras en el péndulo de ser directo y amable? (Pista: ¡lo más probable es que no tengas un balance perfecto!).
6. ¿Cuándo es necesaria la comunicación cara a cara (o al menos voz a voz)?

PARA APLICAR:

- A medida que leíste este capítulo, ¿qué tensiones descritas aquí te hicieron recordar tus experiencias?
- ¿Cómo respondiste en ese momento?
- ¿Cómo quieres responder la próxima vez?
- ¿A quién conoces que esté experimentando una tensión similar hoy?
- ¿Cómo puedes ayudar a esta persona a aceptar la tensión, resolver la tensión o usar la tensión para estimular una solución innovadora?

9

MANEJA LA TENSIÓN (¡ANTES DE QUE TE MANEJE A TI!)

La madurez se alcanza cuando la persona acepta
que la vida está llena de tensión.
—Joshua L. Liebman

Crear tensión es inherente al rol de liderazgo. Por definición, los líderes llevan a las personas a lugares que no son familiares, a menudo incómodos, e incluso amenazantes. Podríamos llegar a decir que el primer trabajo de un gran líder es aumentar el nivel de estrés. Algunos incluso podrían llamarlo caos. Si no entendemos este hecho básico, estaremos desprevenidos cuando sintamos tensión en nuestros equipos, y en lugar de empujar hacia delante nos retraeremos y nos paralizaremos ante el temor a la desaprobación.

Cuando los líderes tienen miedo a la tensión, envían una señal alta y clara de que están abdicando su responsabilidad de liderar. La tensión es ineludible: cómo la manejemos aumenta nuestra equidad de liderazgo o la drena y la seca. Intentar evitar conversaciones difíciles solamente conduce a mayor tensión y menor credibilidad.

Hace años atrás cuando yo dirigía una organización, un par de personas de nuestro equipo ejecutivo no se llevaban bien... para decirlo suavemente. Buscaban formas de minar al otro, sonriendo mientras hacían comentarios sarcásticos y obviamente deleitándose si el otro tenía problemas con alguna tarea. Durante meses, yo esperaba que lo solucionaran; de vez en cuando hablaba con ellos en privado para ofrecerles un consejo amigo sobre trabajar juntos de forma más eficaz, como creer lo mejor del otro, e ideas relacionales similares muy usadas. Pero nada cambiaba. De hecho, su enemistad mutua fue empeorando gradualmente. Finalmente, me harté.

El equipo vino a mi oficina para nuestra reunión semanal. Yo les había enviado la agenda unos días antes para que estuvieran preparados, pero al comenzar les dije: "Pueden dejar a un lado sus agendas. Vamos a hablar sobre lo que está ocurriendo en nuestro equipo". Todas las miradas de repente se levantaron y se enfocaron en mí. Tenía su atención y todos sabían cuál sería el tema. Continué: "Voy a hacer algunas observaciones sobre lo que está sucediendo en nuestro equipo, y voy a pedirles a cada uno de ustedes que compartan cuáles son sus observaciones. Puede que estén de acuerdo con mis percepciones, puede que discrepen, pero tengan una perspectiva distinta de las cosas. Por favor, no sientan que tienen que ver las cosas como yo las veo. Tan solo sean sinceros. Eso es lo único que les pido".

En ese momento no estaba seguro de que quienes estaban en la sala aún estaban respirando. Sin más dilación, comencé. Llamaré a los dos combatientes Phil y Javier. Señalé a uno de los dos hombres y después al otro, pero hablé a todo el grupo: "Phil y Javier han tenido desacuerdos desde hace mucho tiempo. Esperaba que pudieran resolver sus problemas entre ellos, pero no lo han hecho. Su feroz rencor les ha afectado directamente, y de forma indirecta nos ha afectado a todos. Su ira y su conducta pasivo-agresiva aparecen en sus interacciones entre ellos, y nos ponen a todos los demás al límite. Por eso somos menos eficaces de lo que podríamos ser. Somos más cautelosos de lo que deberíamos, y no podemos hablar con el nivel de honestidad y vulnerabilidad que necesitamos para ser los mejores líderes posibles. He empleado demasiada cantidad de mi tiempo y energía intentando manejar su conflicto. Hoy, esto tiene que terminar. Esta es mi lectura de la situación. ¿Cuál es la de ustedes? Dejaré que Phil y Javier hablen al final, pero quiero oír primero al resto del equipo".

Éramos seis en la sala, así que pedí a las otras tres personas que hablaran, pero hubo silencio durante un largo e incómodo minuto. Finalmente, uno de ellos dijo: "Bueno, yo no quiero añadir más leña al fuego, y estoy seguro de que Javier y Phil tienen buenas intenciones, pero sí, he visto un poco de tensión entre ellos".

El segundo habló: "Sí, ha habido algo de discrepancia entre ellos, pero estoy seguro de que han sido malentendidos entre ellos. Los dos tienen un buen corazón. Todos tenemos días malos, y quizá los hemos visto en sus días malos".

El tercero fue valiente y sincero. Comenzó diciendo: "Lo he visto por mucho tiempo". Después me miró y dijo: "Y francamente, me preguntaba si tú lo estabas viendo. Me alegra que finalmente estemos hablando de ello, y espero que puedan resolver sus diferencias para que podamos funcionar como un equipo".

Les pregunté a Phil y Javier si querían decir algo. Ellos se miraron y después hicieron sendos gestos de negación con la cabeza. Me dirigí a los dos y les dije: "Nosotros cuatro vamos a salir de la sala. Ustedes dos se quedan. La próxima semana pueden reportarnos cómo resolvieron su disputa. Si no, tendremos que hacer algunos cambios significativos. Simplemente no podemos seguir así por más tiempo". Y con eso, me levanté. Los otros tres tomaron rápidamente sus carpetas y papeles, y los cuatro salimos de la sala.

Mi meta no era resolver la tensión en esa reunión de equipo ejecutivo. De hecho, inyecté más tensión al poner a un lado nuestras agendas y retar a los dos hombres. Entonces, creé un nivel de tensión incluso mayor cuando pedí a los otros tres que expresaran sus observaciones. Y dejé a los dos hombres marinándose en el caldo de la tensión durante una semana antes de darnos un reporte sobre cómo resolvieron sus rencores... o su reporte sobre cómo habían fracasado en hacerlo.

Una semana después envié la agenda para la reunión a las cinco personas. El primer punto simplemente decía: resultado. Todos sabían a qué se refería la palabra. A medida que entraban las personas, intentaban evitar el contacto visual porque no sabían qué esperar. Cuando todos estaban sentados, me dirigí a Phil y Javier y dije: "El primer punto de la agenda es el resultado de su intento de resolución. Dígannos qué ha pasado".

Phil comenzó. Dijo que él y Javier habían tenido una serie de conversaciones muy productivas durante la semana, comenzando en la sala justo después de que los otros cuatro nos fuéramos la semana anterior. Se dieron cuenta de que estaban de acuerdo en algunos asuntos importantes, y discrepaban en otros. Concluyeron que su relación era más importante que sus puntos de vista contrarios, y se disculparon entre sí por el daño que habían causado. Javier estaba sentado asintiendo con la cabeza mientras Phil daba su explicación, y después nos dijo: "Así es. Nos disculpamos el uno con el otro, y quedamos en hablar regularmente para establecer un nuevo tono en nuestra relación. También queremos disculparnos con todos ustedes".

Los demás asentimos en aprobación, y dije: "Muy bien. Pasemos al segundo punto de nuestra agenda". Estaba muy orgulloso de mi autocontrol en ese momento. Todo en mí quería discutir de nuevo todo lo que había ocurrido entre Phil y Javier en el último año, explicando con detalle cómo había actuado cada uno de ellos y las maneras en que habían afectado negativamente a nuestro equipo. Y quería que ellos expresaran el dolor que sentían en términos más elaborados. Para ser sincero, quería hablar sobre lo crucial que era aquello para nuestro equipo, pero solo porque la gravedad del problema y el poder de la resolución reafirmarían mi liderazgo. Sí, quería todo eso, pero en cambio solo afirmé su resolución mutua y avancé. Ese fue un momento crucial para Phil y Javier, un paso importante para nuestro equipo, y una buena lección para mí sobre cómo liderar.

TENSIÓN INTENCIONAL

Creamos tensión de muchas maneras distintas, algunas de ellas son bastante intencionales. Para nuestro equipo ejecutivo, yo había evitado poner un haz de luz sobre *el elefante en la sala* durante mucho, mucho tiempo, pero cuando lo hice, nadie se podía esconder. El equipo finalmente supo que yo veía lo que ellos veían, y que no tenía miedo a sacarlo a la luz. También vieron que mis pasos de resolución no me hicieron ser el centro de atención. Les pedí a todos que fueran sinceros sobre lo que ellos habían visto en la disputa continuada, y les pedí a los dos de ellos que arreglaran sus asuntos. Este proceso ciertamente elevó el nivel de tensión de nuestro equipo, pero era totalmente necesario. Antes de ese día en el que hablé del conflicto, el equipo quizá se había preguntado si yo valoraba nuestras relaciones, pero después de ese día no lo dudaron más.

Creo que las personas en los equipos hacen varias preguntas de forma intuitiva sobre el líder cuando no se aborda el conflicto:

- ¿Ve él lo que yo veo?
- Si no lo ve, ¿cómo puede estar tan ciego?
- ¿Lo verá algún día?
- Si lo ve y no ha hecho nada al respecto, ¿puedo confiar en él?

ENCUENTRA LA VALENTÍA PARA METERTE EN LA TENSIÓN EN TU EQUIPO O EN TU FAMILIA. INVITA A LA DISCUSIÓN, AFIRMA LAS OBSERVACIONES, Y PIDE A LAS PERSONAS QUE PARTICIPEN EN LA RESOLUCIÓN.

La moraleja de la historia es encontrar la valentía para meterte en la tensión en tu equipo o en tu familia. Tu primer impulso quizá sea huir y esconderte, o tomar medidas drásticas y controlar, pero en lugar de eso invita a la discusión, afirma las observaciones, y pide que las personas participen en la resolución. Hay, creo yo, dos tipos de tensión interpersonal: destructiva y productiva. Necesitamos sabiduría para saber cuál es cuál.

Todos estamos familiarizados con el proverbio: *"El hierro se afila con el hierro, y el hombre en el trato con el hombre"* (Proverbios 27:17). Cuando afilamos hierro con hierro, ¡saltan chispas! No tengas miedo de eso. Las discrepancias pueden ser muy saludables porque obligan a las personas a pensar más claramente y a planificar con más eficacia. Pero en el punto en el que la presión se vuelve insoportable, el hierro se rompe. Cuando vemos que eso sucede es momento de intervenir, decir la verdad e invitar a las personas a entrar en el proceso de autodescubrimiento y resolución.

En un artículo para *Entrepreneur,* el Dr. David G. Javitch enumera "7 pasos para disipar la tensión en el trabajo" (*7 Steps to Defuse Workplace Tension*). Él recomienda que demos un paso atrás y veamos el cuadro general en nuestros puntos de estrés interpersonales en nuestro lugar de trabajo:

> Sugiero que el conflicto no tiene que estar caracterizado como solamente negativo. De hecho, puede ser neutro o incluso positivo. El conflicto simplemente se puede definir como tensión. La tensión puede ser buena, mala o neutral. Solo porque dos personas discrepen no significa que su discrepancia sea negativa o venenosa; simplemente puede ser una diferencia de opinión. Sin embargo, si no se trata y se deja que se infecte o crezca, esa tensión neutral se puede convertir en negativa y posiblemente dañina. Entonces todo el mundo, la organización incluida, sufre. Sea cual sea la definición que se use, podemos estar de acuerdo en que a la mayoría de las personas no les gusta el conflicto. Sin duda, hacen lo posible por evitarlo. En muchos casos, las personas ven el conflicto en términos de discusiones, enojo, sentimientos dañados o recibir gritos. Y a nadie le gustan

esas situaciones. Como resultado, cuando surge el conflicto la mayoría de las personas lo evitarán o fingirán que no existe. Sin embargo, es real y puede volverse problemático.[44]

Dos de los pasos que recomienda Javitch son ayudar a ambas partes a encontrar un terreno común y alentar el compromiso. Ambas personas tienen un rol que desempeñar en el resultado, y es importante que el líder construya un puente entre ellos... o al menos que ofrezca un puente y vea si caminan hacia él. Entonces, cada uno puede dar un poco para ganar mucho, ¡a veces incluyendo seguir en el puesto de trabajo! Los sentimientos dolorosos no cambian de la noche a la mañana, pero cada persona puede asumir el compromiso de hablar con civismo y actuar con integridad. Con el tiempo, el resentimiento puede convertirse en respeto. No tienen que hacerse mejores amigos, pero para que funcione el equipo es esencial un fundamento de respeto mutuo.

A veces, resolver una tensión existente abre la puerta a la tensión de nuevas posibilidades. Después de que Phil y Javier tuvieron su conversación y regresaron a nuestro equipo con un compromiso renovado de cooperar, todos los demás nos sentimos aliviados, y su acuerdo les dio la libertad para cuestionar al otro sin un fuerte trasfondo de suspicacia y resentimiento. Ahora, parecen incluso disfrutar de sus disputas, para sorpresa del resto de nosotros. También viven entendiendo que yo no voy a actuar ya como si no viera lo que está ocurriendo. Phil y Javier, y los otros tres en el equipo, fueron conscientes de que yo iba a tratar cualquier tensión que fuera dañina para nuestro equipo. Les había dado un aviso a todos.

No tendremos una vida libre de tensión hasta que estemos en presencia de Jesús. Cuando resolvemos una tensión, tenemos que ser conscientes de que estamos preparando el escenario para una forma nueva, más elevada, y probablemente más productiva. De esta forma, vamos de tensión en tensión, siempre aprendiendo, siempre creciendo, y siempre enseñando a otros a manejarla.

También creamos tensión intencionadamente preguntándonos qué está funcionando y por qué. La mayoría de las organizaciones enfocan su atención en lo que no está funcionando, y emplean cantidades enormes de tiempo y esfuerzo intentando solucionarlo. He descubierto que es más productivo (y alentador) dedicar más recursos a conseguir que los éxitos sean incluso mejores. Cuestionar el fallo crea una tensión que a menudo desmoraliza. Cuestionar el éxito crea tensión, pero afirma e inspira.

> ***CUESTIONAR EL FALLO CREA UNA TENSIÓN QUE A MENUDO DESMORALIZA. CUESTIONAR EL ÉXITO CREA TENSIÓN, PERO AFIRMA E INSPIRA.***

BENDITA AMBIGÜEDAD

La mayoría de nosotros evitamos la tensión, y si tenemos que meternos en ella queremos que termine lo antes posible. En el conflicto, esto a menudo nos empuja a ponernos de parte de una persona en detrimento de la otra. Una jugada ofensiva puede parecer una buena solución, pero invariablemente aumenta el nivel de tensión y da como resultado un conflicto posterior incluso más intenso. La persona a la que apoyamos nos aprecia, pero la otra a menudo se siente incomprendida, se siente traicionada.

He descubierto que es una buena idea evitar ponerse de parte de alguien salvo en casos de verdad e integridad. En la inmensa mayoría de las situaciones, las disputas tienen que ver con opiniones, preferencias y procesos. Yo pido a ambas partes que acudan a verme, y pido a cada uno que me diga lo que está sucediendo... y escucho. En lugar de llegar a una conclusión y terminar la discusión, digo: "De acuerdo, eso es útil. Háblame más de eso".

Cuando hago un comentario, me aseguro de que sea positivo. Quizá diga: "Veo algunas áreas de discrepancia, pero veo también que ambos están intentando alcanzar la misma meta. Las ideas distintas no son una amenaza para ninguno de nosotros. De hecho, seremos más sabios y fuertes al escucharnos unos a otros".

Con mucha frecuencia, las dos personas hablan durante un largo rato, y como están hablando delante de su supervisor o líder de equipo, finalmente buscan una solución mutuamente satisfactoria para resolver la tensión. Sin embargo, en algunos casos esta estrategia de resolución de tensión hace que las personas endurezcan sus posturas. Se vuelven demandantes y defensivos, lo cual me dice más de lo que ellos quisieran que yo supiera de ellos. Cuando esto ocurre, trato el problema que hay debajo del problema, y de nuevo, este proceso me da más información de lo que hay en el corazón, la mente y las motivaciones de las personas involucradas.

> ***MANTENTE INVOLUCRADO EN LA FASE DE ENTENDER UNA CONVERSACIÓN EL TIEMPO QUE SEA NECESARIO HASTA QUE PUEDAS EXPRESAR EL PUNTO DE VISTA DE LA OTRA PERSONA IGUAL O BASTANTE IGUAL A COMO LO EXPRESA ELLA.***

Uno de los principios que he visto que es útil es mantenerte involucrado en la fase de entender una conversación el tiempo que sea necesario hasta que puedas expresar el punto de vista de la otra persona igual o bastante igual a como lo expresa ella. La primera tarea de un consejero es que la persona se sienta entendida, y una de las tareas más importantes de un líder es que los miembros de su equipo (y todos los demás) sientan que los entendemos. Se necesita tiempo, pero es mucho más probable que ganemos un amigo y generemos confianza si hacemos unas pocas preguntas más, escuchamos un poquito más, y después decimos: "Esto es lo que te oigo decir". Tras haber definido la postura de la otra persona, él o ella pueden decir: "Sí, eso es exactamente lo que estoy diciendo", o pueden explicar: "No, no lo has entendido del todo. Déjame explicártelo de nuevo". En cualquiera de los casos, estamos comunicando el mensaje más importante, que es que valoramos a la persona más que ganar la disputa.

ESCOGER TENSIONES

Podemos identificar tres tipos de tensión:

1. la que hay que *resolver*, como el conflicto entre Phil y Javier
2. la que se puede *pasar por alto*
3. la que es *buena, saludable y productiva* porque nos empuja a ser nuestra mejor versión

Si podemos identificar en cuál de estas tres categorías encaja una tensión en particular, tendremos una buena ventaja para saber cómo responder. Ya hemos analizado al menos un tipo que necesita resolución, pero no podemos ir por ahí metiéndonos en cada tensión que vemos a diario. Tenemos que hacer un tipo de *triaje de tensión*, dedicando nuestra atención a unas pocas e ignorando las demás (al menos por el momento). No negamos su existencia y no les decimos a otros que no importan, pero no empleamos tiempo intentando apagar todos los incendios forestales de nuestro equipo, de nuestra organización o de nuestro hogar.

> ***LA INCOMPETENCIA DE UN MIEMBRO DEL EQUIPO CREA TENSIÓN PARA EL LÍDER Y PARA TODOS LOS MIEMBROS DEL EQUIPO.***

La incompetencia de un miembro del equipo crea tensión para el líder y para todos los miembros del equipo. Todos tienen que emplear tiempo en pensar cómo responder a la persona que por lo general llega tarde, sin prepararse, o dice cosas que no tienen que ver con la situación. Es como un conductor cuyo automóvil se ha averiado en la autopista, dejando un kilómetro de conductores frustrados detrás de él. ¡No pueden evitar pensar en el lío que otra persona ha creado! De forma instintiva, las personas responsables del equipo intentan llenar los espacios en blanco, así que la persona irresponsable puede crear una cascada de nuevas decisiones mediante el líder y otras personas del equipo. Yo aplaudo a estas personas por su disposición a poner las metas del equipo por encima de su conveniencia personal, pero este es otro punto en el que tenemos que intervenir para abordar la tensión en la sala.

Yo no puedo resolver todas las tensiones; de hecho, ni siquiera puedo abordarlas todas. Me visualizo a mí mismo al final de una decena de cuerdas. Cada una tiene a alguien que está intentando tirar de mí en una dirección. No puedo jugar al tira y afloja con todos ellos, así que tengo que escoger. Quizá escojo solamente una cuerda al día, o quizá escojo dos o tres. Si no escojo una cuerda, no hay tirón, ni tensión. Tengo que estar seguro, sin embargo, de que puedo manejar los tirones. Las cuerdas siempre están ahí, pero mis decisiones pueden variar mucho dependiendo de mi tiempo, de mi capacidad y de las situaciones existentes. Cuando dejo una cuerda en el suelo, no estoy diciendo que no exista. Solo estoy diciendo que hoy no es el día para agarrar esa cuerda y sentir la tensión. No me siento culpable por tomar estas decisiones. Reconozco mis limitaciones, y también reconozco que si intentara agarrar todas ellas no sería capaz de responder bien a ninguna. Seguirán estando ahí mañana, y mañana quizá sea el día correcto para que tome la que hoy dejé en el suelo.

Como hemos visto, muchas de las tensiones que enfrentamos son saludables. Las experimentamos porque estamos empujando para conseguir más, ayudamos a las personas a dar pasos valientes, y vamos tras metas más grandes. Esas tensiones solamente se vuelven tóxicas si empujamos demasiado fuerte, si no escuchamos las preocupaciones de los demás, o si nos sentimos tan incómodos con la tensión que nos retiramos de las oportunidades.

EL LADO BUENO DEL FRACASO

La verdadera medida de los líderes no es su lista de grandes éxitos, sino cómo responden a las demoras, la oposición y los fracasos. Si nuestro ego es tan frágil que nos desmoronamos cuando nos chocamos con una pared, achicaremos nuestra visión para que el fallo no sea una amenaza, no reclutaremos a los mejores porque solo los talentos mediocres estarán satisfechos con retos pequeños, y perderemos el respeto de las personas que nos siguen.

Una respuesta positiva al fracaso comienza con un riguroso autoanálisis. Nos preguntamos a nosotros mismos y le preguntamos a un mentor de confianza: "¿Qué hice bien, y qué hay que mejorar?". Las respuestas añaden peldaños a la escalera del progreso personal.

El fracaso puede hacer pedazos nuestra confianza y erosionar nuestro entusiasmo, pero los líderes que crecen desarrollan tenacidad, un fuerte compromiso a ver oportunidades en cada situación. Esta fuerza de carácter es increíblemente atractiva y les permite involucrar a personas competentes que pueden desarrollarse en el entorno del líder.

La derrota, por lo tanto, no es el fin del mundo; de hecho, puede ser el comienzo de algo grande. Los mejores líderes aprenden de las dificultades y son vigorizados por los fracasos. Redirigen su tensión alejándola de la autocompasión o culpando a otros, y la sitúan en dar pasos concretos hacia adelante. Saben que no están hundidos. Por muy alta que sea la montaña, aún tienen la disposición de escalar.

Unos ojos que ven es algo común, pero unos ojos que perciben son poco frecuentes. Puede que no hayamos nacido con un espíritu firme e inquebrantable, pero podemos desarrollar esta cualidad tan necesaria. Estar cerca de líderes que muestran un optimismo coherente además de una cruda honestidad puede transformarnos y darnos una valentía prestada. Nuestro cociente de liderazgo está basado en nuestra percepción de nuestra capacidad para encontrar recursos y reclutar personas para abordar los retos que tenemos delante de nosotros. La tensión, entonces, está en el ojo del que mira. Una situación que hace que una persona languidezca, prende la pasión y el compromiso de otra.

> ***LA TENSIÓN ESTÁ EN EL OJO DEL QUE MIRA.***
> ***UNA SITUACIÓN QUE HACE QUE UNA PERSONA LANGUIDEZCA,***
> ***PRENDE LA PASIÓN Y EL COMPROMISO DE OTRA.***

Las personas que nos rodean, los que están en nuestro equipo, en nuestra familia y en nuestros círculos más amplios de conexiones, están observando para ver cómo manejamos el éxito y el fracaso. Si compartimos el mérito, construimos relaciones fuertes, y si rehusamos culpar a otros por las derrotas, les mostramos que pueden confiar en nosotros. Cada situación, sea positiva o negativa, gloriosa u horrible, puede tener un valor redentor si otros nos ven responder con calma y confianza sabiendo que incluso las dificultades nos enseñarán algunas de las lecciones más valiosas de la vida.

¿Quiénes son nuestros héroes? No son las personas que han disfrutado de grandes éxitos. Son las que han superado la adversidad. Las historias que contamos, los libros que leemos, las historias que aprendemos, y las películas que nos inspiran son sobre personas que enfrentaron malos pronósticos y se aferraron para superar obstáculos aparentemente insuperables para lograr metas nobles.

Nuestra meta principal, entonces, no es evitar la tensión a toda costa, sino usar la tensión para afirmar las relaciones, inspirar valor y edificar carácter en nosotros y en las personas a las que lideramos.

Pero permíteme darte esta palabra de advertencia: no te enfoques demasiado en la tensión. En otras palabras, no dejes que preocupaciones sobre la tensión te consuman. Serás un líder más eficaz, y durarás mucho más tiempo en esa función, si sabes qué es lo que te encanta hacer y vives en la encrucijada entre la pasión y el talento. Sí, tendrás que meterte en el barro de las relaciones difíciles y torcidas de vez en cuando, pero vigorízate con actividades que se te den bien, y delega muchas de las demás cosas a personas con talento, pasión y competencia.

El liderazgo se trata del fracaso; de hecho, se trata de responder al fracaso con optimismo y honestidad. Cuando fracases, levántate y continúa. Cuando otros fracasen, conviértelo en una experiencia de aprendizaje. Como en las grandes películas, convierte la tragedia en victoria.

Tu respuesta positiva a la adversidad es el camino a la grandeza.

CREA LA CULTURA

Un líder empresarial le dijo a un amigo: "He tenido años terribles en la empresa, pero con grandes relaciones en nuestro equipo, y he tenido años fantásticos en la empresa con mucha tensión en nuestro equipo. Me quedo con una cultura de equipo positiva cada vez".

Una cultura organizativa positiva y saludable no es un lujo; es una necesidad, y afecta a todo desde las comunicaciones en la oficina hasta la satisfacción del empleado y la marca pública. Un artículo de la revista *Forbes* reporta la investigación de Deloitte que dice que un 94 por ciento de los ejecutivos y un 88 por ciento de los empleados creen que una fuerte cultura corporativa es esencial para el éxito empresarial. "La encuesta de Deloitte también reveló que hay una fuerte correlación entre los empleados que afirman sentirse felices y valorados en el trabajo y los que dicen que su empresa tiene una fuerte cultura".[45] La importancia y los valores son aspectos importantes de una cultura sana. El autor del artículo, Alan Kohll, explica:

> La importancia y el propósito son más importantes en el lugar de trabajo ahora más que nunca. Una mayoría de los empleados anhela significado y propósito en su trabajo. Sin ello, la satisfacción laboral decae grandemente. Y una empresa ciertamente no puede construir una cultura sin que haya algún significado detrás de su trabajo. Crea una declaración de misión y valores fundamentales y comunícalo a los empleados. Da a los empleados ejemplos concretos de cómo sus papeles impactan de forma positiva a la empresa y a sus clientes.[46]

He escrito mucho sobre la importancia de la cultura empresarial y de la iglesia y de cómo crear una que inspire a los empleados.[47] Es un error, sin embargo, suponer que podemos reorientar radicalmente la cultura con una charla, o un memo, o un solo programa. Cambiar la cultura es como un barco de guerra que cambia de rumbo: hay que hacerlo de forma lenta y deliberada. Y no supongamos que una cultura saludable tiene poca o ninguna tensión. Los entornos positivos dan la bienvenida a la tensión y la utilizan para estimular la conversación, la planificación y la eficacia.

> ***NO DEJES QUE LA TENSIÓN SURJA POR UNA FALTA DE PROPÓSITO CLARO, UNA ESTRATEGIA NO VIABLE Y UNA MALA DELEGACIÓN. ¡ESTO ES COMO DARTE UN TIRO EN EL PIE!***

Revisa los tipos de tensiones que normalmente experimentas: en casa, en el trabajo, en tu salud, y analiza tus respuestas más comunes a ellas. No dejes que la tensión surja por una falta de propósito claro, una estrategia no viable y una mala delegación. ¡Esto es como darte un tiro en el pie! Los grandes líderes no tienen miedo a la tensión, pero tampoco crean tensión innecesaria. Prosiguen hacia metas mayores, y aceptan la realidad de la tensión que produce una gran visión.

Cada momento de cada día estamos dando forma a la cultura a nuestro alrededor. La tensión no es el enemigo. Cuando la usamos sabiamente para estirar a las personas y que sean y hagan lo mejor, es una de nuestras mejores amigas. Las personas que nos rodean nos están mirando para ver cómo manejamos los estreses de la vida y el liderazgo. Si nos ven manejar la tensión con eficacia, seguirán nuestro ejemplo, y todos seremos líderes más sabios, más fuertes y mejores.

PARA PENSAR:

1. ¿Cuáles son algunas formas en las que los buenos líderes crean tensión? ¿Cuáles son algunos resultados positivos?
2. ¿Cuáles son algunas formas distintas, productivas y destructivas, en que los líderes responden a la tensión interpersonal en un equipo? ¿Cuáles de estas has experimentado? ¿Cuáles fueron los resultados?
3. ¿Cuáles son algunas de las consecuencias de un líder que evita tratar conflictos obvios en el equipo?
4. ¿Cuáles son las *cuerdas* que tienes delante de ti hoy? ¿Cuáles estás sujetando? ¿Por qué escoges esas? ¿Qué pasaría si fueras más selectivo a la hora de escoger las cuerdas?
5. ¿Cómo describirías *el lado bueno del fracaso*? ¿Es esta tu perspectiva? Explica tu respuesta.
6. Describe la cultura de tu equipo. ¿Qué puedes hacer para lograr que sea más saludable y productiva?

PARA APLICAR:

- A medida que leíste este capítulo, ¿qué tensiones descritas aquí te hicieron recordar tus experiencias?
- ¿Cómo respondiste en ese momento?
- ¿Cómo quieres responder la próxima vez?
- ¿A quién conoces que esté experimentando una tensión similar hoy?
- ¿Cómo puedes ayudar a esta persona a aceptar la tensión, resolver la tensión o usar la tensión para estimular una solución innovadora?

10

NUEVAS EXPECTATIVAS, RESULTADOS DIFERENTES

Como Dios quiere hacerte como Jesús, te hará pasar por las mismas experiencias que pasó Jesús. Eso incluye soledad, tentación, estrés, crítica, rechazo, y muchos otros problemas.
—Rick Warren[48]

Cualquier tipo de cambio significativo crea tensión en una organización. Para que haya pasos de progreso es necesario que haya personas que asuman más responsabilidad, ajusten y mejoren su comunicación con otros, y hagan otros cientos de modificaciones por el camino. El declive de una organización también exige ajustes porque la contracción hace que las personas se pregunten si su líder es competente, si sus empleos perdurarán, si les pagarán, y cómo se ve tener asientos vacíos en una iglesia u oficinas vacías en una empresa. Cuando las organizaciones crecen, las personas quizá se apropien de demasiado mérito y no lo comparten, y cuando se estancan y fallan, buscan a alguien a quien culpar.

La tensión puede fortalecer o destruir, es nuestra decisión. Yo creo que toda interrupción es una oportunidad para la innovación. Es decir, cada desafío, ya sea que la organización está avanzando o retrocediendo, pide que los líderes sean creativos a la hora de buscar soluciones. Los buenos líderes preguntan intuitivamente: "¿Cómo podemos pensar en esto de una forma nueva?" y "¿Cómo podemos usar la tensión para nuestro beneficio?". El principio de liderazgo es sencillo y profundo: ¡nunca desperdicies una crisis!

REEMPLAZO Y MORAL

Me pidieron que diera una consultoría a una empresa que tuvo un índice muy alto de reemplazo de personal en el año anterior. En solo doce meses, un tercio de los empleados se habían ido, la mayoría de ellos con un disgusto y resentimiento manifiestos. La moral de los que se quedaron era deprimente, y si pudiera ser más baja, ya iban de camino a ello. Sus salidas tuvieron un efecto dominó en la comunidad. Los miembros de la familia y amigos de quienes se habían ido (y de muchos que se habían quedado) desarrollaron una visión muy negativa de la empresa, así que dejaron de ir a comprar. Obviamente, una mala reputación en la comunidad pone incluso más presión sobre el director general y su equipo.

En mi primera reunión con el director general y el equipo fui testigo de "un pelotón de fusilamiento circular": todos estaban culpando a los demás. No los conté, pero parecía que todos los miembros del equipo hicieron al menos un disparo. Cuestionaban las decisiones y la integridad del otro. Usaban libremente el lenguaje condenatorio. Sus ojos miraban con furia y sus voces eran altas y duras. ¡Era obvio para mí que esa no era la primera vez que expresaban aquellas convicciones! Después de que varias personas hablaron sobre la cultura nociva de duda y temor entre los empleados, y el hecho de que tantos se hubieran ido, el director general intentaba mirar el lado positivo: "Bueno, al menos estamos ahorrando dinero en salarios". Yo miraba alrededor de la sala para ver las expresiones de los rostros de todos y pensaba: *Si las miradas pudieran matar...*

> ***LA EMPRESA HABÍA PERDIDO UN TERCIO DE SUS EMPLEADOS, Y, SIN EMBARGO, DE ALGÚN MODO AÚN SE ESTABA HACIENDO TODO.***

Cuando todos gastaron gran parte de su energía emocional, el director general se dirigió a mí. Sin decir nada, me indicó que era mi momento de entrar y hacer algo de magia. Pero había un problema: yo no tenía magia alguna. Solo tenía una pregunta que hacer al equipo de liderazgo: "Han perdido a un tercio de sus empleados el año pasado. Díganme, ¿qué *no se está* haciendo ahora mismo?".

Pude verlos intentando procesar mi pregunta. Algunos se estaban imaginando cuidadosamente su hoja de cálculo, y otros estaban sintiendo las circunstancias en la empresa. Tras un largo silencio, una persona dijo: "De hecho, no se me ocurre nada. Nada importante, vaya".

Casi todos asintieron o dijeron algo como: "Sí, es cierto". Entonces alguien comentó: "Bueno, creo que nadie está controlando a nuestros comerciantes".

Otra persona respondió: "Santiago solía hacer eso, pero Felipe, de nuestro departamento, se ha hecho cargo de ese rol".

Varias personas más mencionaron tareas de personas que se habían ido, pero en todos los casos alguien más, a veces de un departamento distinto, había cubierto el trabajo. Tras varios minutos, volví a intervenir:

"Permítanme preguntarles de nuevo: un tercio de sus empleados se han ido, y no los han reemplazado. ¿Qué es lo que no se está haciendo?".

Una persona que había estado callada durante la mayor parte de la reunión habló: "Parece que la respuesta es nada".

Yo pregunté: "Entonces, ¿cómo decidieron asumir las responsabilidades de los que ya no están en la empresa?".

Algunas personas se encogieron de hombros, y algunos mostraron débiles sonrisas. Entonces uno de ellos dijo: "Bueno, sabía que había que hacerlo, así que lo hice. No creo que sea nada más complicado que eso".

Yo me dirigí a los demás: "¿Y qué dicen ustedes?".

El resto del equipo tenía distintas razones para llevar la carga de los que se habían ido. A algunos se les había pedido que ampliaran sus responsabilidades, y algunos se habían quejado lo suficiente de que el director general asignara una tarea a alguien. El punto que todos vieron era que, de algún modo, todo lo importante aún se estaba haciendo.

Les dije: "Permítanme ser redundante. ¿Queda algo en el piso que nadie haya recogido? ¿Hay alguna tarea continuada que alguien tenga que hacer suya?".

Todos movieron su cabeza en negación, pero ahora con un nuevo sentimiento de orgullo por haberse puesto en la brecha con valentía y talento para mantener adelante la empresa. Les pregunté: "¿Están trabajando un poco más que hace un año antes de que comenzara el éxodo?".

Todos ellos asintieron con la cabeza, y uno dijo: "Sí, a veces más que un poco".

"Les aplaudo", les dije. "Han manejado una situación estresante notablemente bien. Gracias por reunirse hoy conmigo".

En ese momento se terminó la reunión. Yo estrechaba sus manos según se iban. Sus rostros eran completamente distintos a los que tenían al entrar. Se daban golpecitos unos a otros en la espalda, hacían planes para ir juntos a almorzar, y comenzaron a hablar sobre maneras de poder trabajar juntos.

Tenía programada una reunión de seguimiento con el director general y el vicepresidente principal, y fuimos a la oficina del director general. Cuando nos sentamos, les dije: "Tienen una oportunidad fantástica de reorganizar sus sistemas y estructura. Los cambios ya se están produciendo incluso sin sus opiniones, y ahora pueden poner su sello a la empresa de una forma que tendrá un impacto positivo durante años venideros".

Parecían sorprendidos. ¿Acaso no habían presidido un desastre total? ¿No me habían llamado para sacarles de un hoyo profundo? No se podían imaginar que yo viera algo positivo y esperanzador en su situación extrema, pero no dijeron una palabra. Leí sus expresiones y expliqué: "Lo entiendo. Muchos sentimientos han sido lastimados, y las personas se han desanimado. Han estado trabajando más duro que antes, pero con pocas esperanzas de un futuro mejor. Necesitamos salir de esta reunión con un plan para darles esperanza. Creo que sería una idea magnífica que anunciaran que aprecian tanto su gran esfuerzo, que cada empleado recibirá un extra el viernes por la tarde". Pude ver que estaban sorprendidos con mi sugerencia, pero continué: "No tiene que quebrar el banco. Pueden ser 500 dólares a cada uno, pero es un costo mínimo comparado con los ahorros de los salarios de un tercio de sus empleados. Escriban una carta para dar las gracias a las personas por trabajar tanto en circunstancias tan difíciles. Será una declaración maravillosa para ellos, y establecerá el rumbo hacia un futuro más positivo. Realmente no se puede poner un precio al valor de la afirmación. Cuando las personas se sienten apreciadas, su cociente de lealtad aumenta drásticamente. Ellas necesitan esto. Ustedes necesitan esto. Su empresa necesita esto".

> ***REALMENTE NO SE PUEDE PONER UN PRECIO AL VALOR DE LA AFIRMACIÓN. CUANDO LAS PERSONAS SE SIENTEN APRECIADAS, SU COCIENTE DE LEALTAD AUMENTA DRÁSTICAMENTE.***

El director general llamó inmediatamente a alguien del departamento de contabilidad y le dio instrucciones de extender un cheque para cada empleado. Cuando colgó el teléfono, dije: "Ahora, hablemos de cómo podría quedar su empresa". Durante las siguientes dos horas usamos una pizarra blanca para reorganizar la empresa. Desde RRHH a ventas, cada departamento estuvo en la mesa de reconocimiento. Creamos nuevos puestos, nuevos sistemas de reporte, nuevas metas e incentivos para un trabajo excelente.

Al final del día, el director general tenía un plan exhaustivo. Había, por supuesto, muchos detalles que solucionar, pero él y el vicepresidente principal se sentían seguros de que los cambios serían muy productivos. Al día siguiente convocó a su equipo para otra reunión, y les explicó la nueva visión y el plan. Le hicieron muchas preguntas, y él les pidió su opinión para encontrar respuestas. El tono de la reunión era diametralmente opuesto al que yo había visto tan solo el día anterior. En lugar de culparse unos a otros, buscaban formas de colaborar. En lugar de sentir rencor, estaban animados por avanzar. En lugar de sentirse desanimados, tenían una pasión renovada.

Al final de la reunión, el director general anunció que cada persona recibiría un aumento significativo. "Se lo merecen", les dijo. "No tienen idea de lo mucho que aprecio todo lo que han hecho por la empresa... y por mí". Continuó: "Vamos a tener una congelación de seis meses en la contratación para poder ver cómo funcionan los nuevos sistemas y estructuras, qué puestos hay que llenar, y cuáles no se necesitan".

Quedaron sorprendidos por ese anuncio. El día anterior, cuando entraron para la primera reunión conmigo, habían supuesto que yo arreglaría el problema encontrando una forma de contratar a muchas personas para llenar los puestos que habían dejado quienes se habían ido. No habíamos hecho eso, y en su lugar, el director general, el vicepresidente principal y yo reorganizamos la empresa, relanzamos la visión, y comenzamos a recrear la cultura.

Seis meses después me reuní de nuevo con los líderes de la empresa. El tono era muy positivo cuando entraban en la sala y se sentaban. Les pedí que me contaran qué había sucedido desde que yo estuve con ellos antes, y me contaron muchas historias sobre los desafíos que habían enfrentado y el progreso que habían hecho. Antes de la reorganización y la inyección de esperanza, la tensión que experimentaban les había aplastado porque no habían interpretado el problema de la empresa como una oportunidad para innovar, pero en los últimos seis meses su perspectiva había cambiado por completo. Ahora, la tensión de todos los cambios consiguió sacar lo mejor de ellos.

Tras oír sus historias, les pregunté: "Hace seis meses atrás les hice una pregunta sobre qué era lo que no se estaba haciendo. Esta vez quiero hacerles una pregunta distinta. ¿Qué oportunidades han identificado que podrían perseguir si tuvieran más plantilla de personal? Recuerden: no nos mueve el personal; nos mueven las oportunidades".

Mientras pensaban en mi pregunta, dibujé una serie de pasos en la pizarra con las palabras *impacto, ideas, implementación* e *impacto*. Les expliqué: "Ahora están teniendo impacto, y su éxito está abriendo puertas de oportunidad. Según las observan, tienen ideas que gradualmente se convierten en planes. Al implementar los planes y ver el éxito, tienen un mayor impacto, lo cual abre las siguientes puertas, y el proceso se repite".

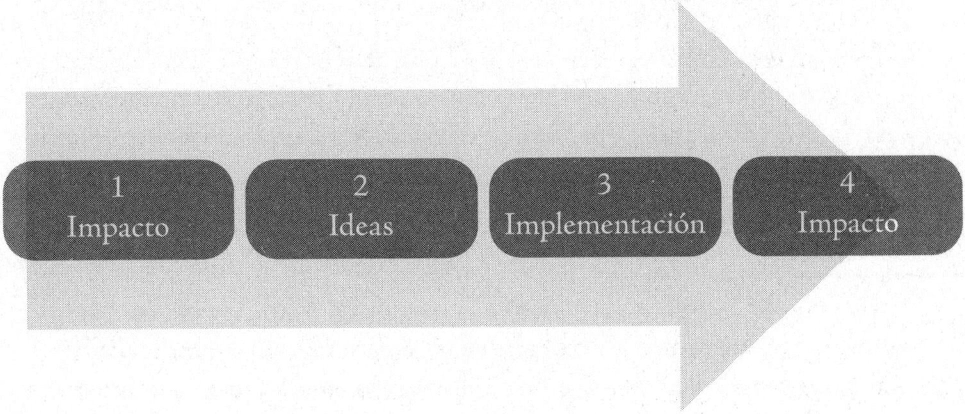

Les expliqué cada fase del progreso:

- En la primera fase de impacto, el líder y el equipo aclaran la visión.

- En la fase de ideas, el equipo genera muchas sugerencias y recomendaciones a considerar.
- En la fase de implementación, ellos revisan las ideas y crean un plan viable que trate los asuntos de cuándo, dónde, quién, cómo y cuánto. Trabajan sobre el plan para conseguir los objetivos.
- En la segunda fase de impacto, el líder y el equipo analizan la implementación, enfocándose principalmente en lo que fue bien, en lugar de lo que fue mal. Comparan el resultado actual con los resultados que visualizaban en la primera fase.

Le di al equipo un par de ejemplos de cómo funciona este sencillo proceso. Por ejemplo, si una organización está planificando otro evento anual simplemente porque lo hacen cada año, pueden seguir estos pasos. Quizá descubran una forma mucho mejor de tener un impacto mayor.

En ese momento, el equipo identificó dos oportunidades que prometían un gran crecimiento. Nos enfocamos en una de ellas. Les pregunté: "¿Cuántas personas se necesitarían en esta oportunidad?".

La gerente del departamento que se ocuparía de esta nueva tarea dijo: "Creo que podríamos poner dos personas. Tendrían que ser hábiles y experimentados, así que les pagaríamos unos 65.000 dólares al año".

Yo respondí: "Muy bien, pero permítanme preguntarles esto: ¿qué pasaría si contrataran a un nuevo empleado excepcional que pudiera hacer el trabajo de ambas personas y le pagaran a esa persona 100.000 dólares al año? Ahorrarían dinero en beneficios y gastos de oficina. ¿Es eso viable?".

Ella pensó por un momento, y después dijo: "Sí, y de hecho conozco a alguien que sería perfecto para esta tarea tan especializada. Hace unos meses atrás no le habría pedido que se uniera a nuestra plantilla". Los demás se rieron. Sabían exactamente a lo que se refería. "Pero ahora, creo que a ella le encantaría estar aquí... ¡y haría un trabajo fantástico!".

ÉXITO O FRACASO

El éxito o el fracaso pueden moldear nuevas expectativas, pero en mi experiencia, la motivación para cambiar es mucho más fuerte en tiempos de fracaso porque las personas están desesperadas por encontrar un camino que funcione. Cuando me reuní con el equipo de liderazgo de la empresa, no realicé una autopsia de los últimos dos años. No me preocupé de cómo murió el paciente; ¡solo me preocupé de cómo podía resucitarlo! Todo el análisis forense del mundo no iba a devolverle la vida al cadáver de la cultura de la empresa, y habría sido una pérdida de tiempo intentarlo. Pero más que eso, el enfoque en lo que no había ido bien ya había producido una mezcla tóxica de culpa y vergüenza, desánimo y desesperación. Necesitábamos poner la atención en el futuro y conseguir poner de nuestro lado a las máximas personas posibles. Esperanza, afirmación e inspiración habían estado cerca del cero, pero el corazón humano se desarrolla con estas cosas. Si les damos a las personas, aunque sea una cantidad moderada de estas cosas, dejan de dispararse unas a otras, dejan de denigrarse con conmiseración, y encuentran maneras nuevas y creativas de hacer que las cosas funcionen.

> ***EL ENFOQUE EN LO QUE VA MAL PRODUCE UNA MEZCLA TÓXICA DE CULPA Y VERGÜENZA, DESÁNIMO Y DESESPERACIÓN. EL CORAZÓN HUMANO SE DESARROLLA CON LA ESPERANZA, LA AFIRMACIÓN Y LA INSPIRACIÓN.***

Podríamos suponer que una iglesia o empresa creciente tiene menos tensiones, pero cometeríamos un error. La mayoría de los líderes no están satisfechos con el crecimiento gradual. Miran a su alrededor y ven las necesidades de sus comunidades y el asombroso éxito de algunos pastores y líderes empresariales, y se preguntan: "¿Por qué nosotros no?". Ponen planes en marcha para conseguir una gran visión, pero el ritmo del cambio puede producir un sinfín de dificultades inesperadas.

SIETE TENSIONES COMUNES

Mi amigo Ron Edmondson, el director general de Leadership Network, ha identificado "7 tensiones comunes que puedes esperar durante un crecimiento rápido o un cambio abrumador". Con mucha frecuencia, a los líderes les agarran por sorpresa estos problemas porque suponen que *moverse hacia adelante y hacia arriba* será un camino llano. No lo es. Quiero enumerar estas tensiones y hacer algunas observaciones al respecto.

1. FALTA DE COMUNICACIÓN

Algunas personas no reciben la información... y algunas personas no leen la información que reciben. En tiempos de cambio rápido, el equipo de liderazgo puede estar tan ocupado apagando fuegos y abriendo puertas, que no tiene tiempo de cerrar el círculo de la comunicación, lo cual significa hacer un seguimiento para saber si las personas que recibieron el mensaje lo entendieron, si tienen alguna pregunta, si reciben respuestas y dan una retroalimentación periódica. El crecimiento rápido invariablemente exige que los líderes frenen lo suficiente como para comunicarse con claridad.

2. CAMBIAR ROLES

Como la empresa que describí en la historia al comienzo de este capítulo, el declive puede causar cambios en las responsabilidades, pero también puede hacerlo el crecimiento. Los líderes quizá descubran que ha habido un *durmiente* en el equipo, alguien que tiene talentos extraordinarios que no se habían utilizado del todo, o quizá los líderes se dan cuenta de que algunas personas estaban al límite de su eficacia cuando la empresa era más pequeña. Estas personas probablemente tengan que cambiar a un rol que encaje mejor con sus capacidades.

3. LUCHAS DE PODER

Aplástalas enseguida y frecuentemente. No dejes que se infecten y creen falta de confianza y resentimiento. Vigila a las personas que llaman la atención hacia su éxito y fallan a la hora de dar el mérito a otros, y de forma similar, a quienes no les emocionan los éxitos de otros. Busca a quienes asumen la responsabilidad sin que se les haya asignado. Esto puede ser un rasgo maravilloso de humildad… o puede ser una señal de que esa persona está buscando el poder. Cuando a las personas les cuesta colaborar y cooperar, a menudo es una señal de que al menos uno de ellos insiste en tener el control. Cuando observo estas tensiones en un equipo, no dejo que haga todo el recorrido porque ese recorrido es siempre destructivo. Cuando dos personas están compitiendo por el poder, los llamo y comento la situación, y a menudo les asigno una tarea juntos para obligarlos a colaborar y compartir el poder. Si no pueden solucionarlo en ese momento, tenemos un problema mucho mayor, y con bastante frecuencia uno de ellos tiene que encontrar otro empleo. O quizá ambos tengan que hacerlo.

4. AGOTAMIENTO

El crecimiento rápido es emocionante, pero solo durante un rato. Tras un periodo de tiempo, el nuevo nivel de esfuerzo se normaliza; gradualmente, la capacidad de recuperación cada día y cada semana se esfuma. La fatiga crónica, la irritabilidad, los problemas físicos, el insomnio y problemas de peso son solo unos cuantos síntomas del agotamiento. Ciertamente es un rasgo de carácter positivo estar deseoso y dispuesto a compartir la carga, pero todos tenemos límites. Necesitamos la valentía para decir: "No, no puedo hacer eso. Puedo manejar este nivel de responsabilidad, pero ese no". Sería mejor no empujar tanto a otros (o a nosotros mismos), que les hagamos perder el gozo de servir. Por supuesto, hay veces en las que tenemos que trabajar más que otros, pero necesitamos vigilar esos tiempos para que no se conviertan en nuestra rutina normal. El agotamiento no es una insignia de honor; es un fallo de liderazgo.

> ***EL AGOTAMIENTO NO ES UNA INSIGNIA DE HONOR; ES UN FALLO DE LIDERAZGO.***

5. CONFUSIÓN

Cambiar papeles, nuevas responsabilidades, una estructura de reporte distinta, y una presión añadida pueden hacer temblar nuestra confianza. Está perfectamente bien admitir: "No sé la respuesta a eso". Pero la confusión crónica puede ser una señal de que alguien está fuera de lugar.

6. COMPLACENCIA

Los tiempos de extraordinario crecimiento implican que nuestra gente está trabajando muy duro para alcanzar nuevos niveles de éxito, pero irónicamente, una reacción común al menos entre unos pocos es el letargo, la distracción y la complacencia. Están abrumados por la frenética actividad que les rodea, y su defensa es retirarse y hacer menos.

7. ESTRUCTURAS ESTIRADAS

Muchos tipos de insectos crecen más que sus caparazones, se deshacen de ellos, y emergen con un exoesqueleto más fuerte. Del mismo modo, a medida que las organizaciones crecen más que sus sistemas y estructuras tienen que evaluarlas, mantener las que funcionan bien en la siguiente etapa de crecimiento, y cambiar las que no pueden manejar números más grandes. Es sabio anticipar la necesidad de estos cambios antes de que la tensión produzca mayores problemas.[49]

La expansión de una empresa o una iglesia siempre crea una medida de interrupción. Los líderes sabios anticipan estas tensiones temprano en las etapas de planificación para poder implementar soluciones durante todo el camino.

INCORPORACIÓN DE NUEVAS CONTRATACIONES

Una parte importante de establecer nuevas expectativas en cómo manejamos la tensión en nuestras organizaciones es una perspectiva nueva de la incorporación de nuevas contrataciones. Este no es solo un asunto de RRHH; es un asunto de liderazgo. Con demasiada frecuencia solo intentamos llenar un hueco, escribir un nombre en el organigrama de la organización, terminar una tarea. Creo que tenemos que considerar mucho más que esto cuando contratamos a alguien.

LAS COSAS NO VAN MAL; EMPIEZAN MAL. LOS EMPLEADOS Y POSIBLES CONTRATADOS TIENEN QUE CONOCER LA CULTURA Y LOS VALORES DE LA ORGANIZACIÓN.

¿Por qué es tan importante prestar atención a las incorporaciones? Porque las cosas no *van* mal; *empiezan* mal. El proceso no comienza el primer día del empleado, ni siquiera en el proceso de entrevistas. Comienza en el consejo de administración cuando se da forma a la cultura de la empresa y se imparte por toda la organización, y puede ser entonces comunicada en la página web de la empresa para que todas las personas interesadas vean cuáles son los valores de la empresa. En un artículo para *Inc.*, Peter Vanden Bos reporta de su investigación sobre las incorporaciones:

> Los expertos sugieren que se debe comenzar el proceso de orientación antes de que un candidato sea contratado formalmente incluyendo una amplia información sobre su lugar de trabajo y su cultura en la sección de Trayectorias de su página web. "La orientación debería comenzar en el primer clic del *ratón* cuando alguien visita por primera vez la página web de la empresa, para que cuando la persona acuda a la entrevista, ya sepa bastante sobre la empresa", dice Richard Jordan, un coach de empresa que ha sido el responsable de remodelar el proceso de contratación y orientación en varias firmas tecnológicas. De ese modo, es más probable que atraiga candidatos que están más identificados con las metas y la cultura de la empresa y es más probable que se convierta en un empleado altamente productivo.[50]

Un proceso de incorporación potente y claro es una forma más cuidadosa de monitorear a los nuevos contratados, y si son aceptados en el equipo, les proporciona una rampa de acceso suave para que puedan empezar bien.

HÉROES MODERNOS

ABRAHAM LINCOLN

Podemos ver una amplia gama de personas en la historia que descubrieron cómo la interrupción puede producir creatividad. Abraham Lincoln se crió en el duro hogar de su padre autoritario, pero su falta de educación formal siendo un niño le impulsó a estudiar y llegar a ser uno de los abogados más importantes de su zona. Cuando la cuestión de la esclavitud se convirtió en un asunto divisorio en el país, Lincoln tomó una postura, pero no contra la esclavitud; su postura fue la de dejar de extender la esclavitud a los territorios y nuevos estados. Se presentó a las elecciones a la presidencia como candidato del novato Partido Republicano. Otros tres hombres estaban discutiblemente más preparados, pero Lincoln ganó la nominación y la elección. Sorprendió a todos al nombrar a los tres competidores republicanos en su gabinete. Estuvo dispuesto a dejar que hombres fuertes le ayudaran a dirigir en medio de la época más turbulenta de la historia de los Estados Unidos.

Durante la Guerra Civil, Lincoln caminó por varias cuerdas flojas. Quería mantener en la Unión a los estados limítrofes que tenían esclavos, así que no podía ir contra la esclavitud, pero los abolicionistas demandaron que se luchara la guerra para liberar a los esclavos. Los estados leales a la Unión tenían muchos más recursos y mano de obra, pero por parte de Lincoln sus "generales usualmente eran superados en táctica" por los comandantes del Sur. La mitad de la nación se había separado, y de la mitad restante, la mitad de ellos eran demócratas que estaban celosamente contra él. Con solo alrededor de un cuarto del país de su lado, Lincoln llevó al país a la victoria, sufriendo la tristeza de tantos muertos y heridos en batalla mientras lidiaba también con la muerte de su querido hijo, Willie, que padeció la fiebre tifoidea, así como la inestabilidad de su esposa Mary. En su destacado libro, *Team of Rivals* (Equipo de rivales), la historiadora Doris Kearns Goodwin destaca:

> Esta, entonces, es una historia del genio político de Lincoln revelado mediante su extraordinario despliegue de cualidades personales que le permitieron formar amistades con hombres que previamente se habían opuesto a él; reparar sentimientos heridos que, si no se hubieran tratado, podrían haberse convertido en una hostilidad permanente; asumir responsabilidad por los fracasos de subordinados; compartir el mérito con facilidad; y aprender de los errores. Él poseía una clara comprensión de las fuentes de poder inherentes a la presidencia, una capacidad sin igual para mantener intacta su coalición de gobierno, una apreciación tenaz de la necesidad de proteger sus prerrogativas presidenciales, y un sentido maestro del tiempo.[51]

¡Y tú piensas que tu situación es difícil!

DIETRICH BONHOEFFER

Dietrich Bonhoeffer fue un erudito y teólogo luterano en Alemania durante el ascenso de Hitler y los nazis en la década de 1930. De joven era un pacifista, pero cuando fue testigo del odio antisemita de los nazis contra los judíos se unió a otros pastores para formar la Iglesia Confesante, la cual hizo un fuerte compromiso con Cristo en un tiempo en el que muchos líderes de iglesias estaban cautivados por la poderosa retórica de Hitler. Cuando los nazis consolidaron su poder y comenzaron su condena y eliminación sistemática de los judíos, Bonhoeffer se convirtió en miembro del servicio secreto alemán, un agente doble que supuestamente recababa información para el gobierno, pero que en realidad conspiraba para ayudar a escapar a judíos.

Aceptó una plaza para enseñar en un seminario en los Estados Unidos, pero casi inmediatamente cambió de idea. Escribió a un amigo: "He cometido un error al venir a los Estados Unidos. Debo vivir con los cristianos de Alemania durante este periodo difícil en la historia de mi nación. No tendré derecho a participar en la reconstrucción de la vida cristiana en Alemania después de la guerra si no comparto con mi pueblo las pruebas de esta época".

Bonhoeffer regresó, enseñó en un seminario en la parte norte de Alemania, y participó en un complot para asesinar a Hitler. El complot se descubrió, y Bonhoeffer fue arrestado, juzgado, condenado y encarcelado. Su entusiasmo y fuerza de carácter impresionó a presos y guardas, y siguió escribiendo bonitas y poderosas cartas sobre su compromiso con Cristo. Una de ellas dice: "Dios se permitió a sí mismo ser sacado del mundo y llevado a la cruz", escribió. "Él es débil y sin poder en el mundo, y esa es precisamente la manera, la única manera, en la que está con nosotros y nos ayuda. [La Biblia]... deja muy claro que Cristo nos ayuda no en virtud de su omnipotencia, sino en virtud de su debilidad y sufrimiento... La Biblia dirige al hombre a la impotencia y el sufrimiento de Dios; solo el Dios sufriente puede ayudar".[52]

Dietrich Bonhoeffer fue ejecutado el 9 de abril de 1945, un mes antes de la rendición nazi. Como corrió hacia la tensión en lugar de huir de ella, se convirtió en el líder espiritual de los creyentes alemanes durante la guerra, y su impacto sigue siendo poderoso décadas después de su muerte.

MARY BARRA

Las mujeres en funciones de liderazgo experimentan una capa adicional de tensión. A medida que ascienden en sus organizaciones hacen frente al invisible, pero muy real *techo de cristal* que les impide llegar a las filas más altas... o al menos se les hace más difícil llegar a ellas.

En el mundo de hombres de la fabricación de automóviles, Mary Barra llegó a la cima de General Motors como presidenta del consejo y directora general. Comenzó a trabajar para la empresa como estudiante cooperativa en 1980, inspeccionando guardabarros y maleteros mientras salían de la cadena de montaje. Tras graduarse de la universidad se quedó en GM y ascendió incesantemente para convertirse en vicepresidenta de ingeniería de fabricación global, y después en vicepresidenta de desarrollo de producto global, un papel que es el más prestigioso y el que más presión tiene en la compañía. En 2014 Barra se convirtió en directora general, la primera mujer a la cabeza de una gran compañía de automóviles. En su primer año, General Motors se vio obligada a lanzar ochenta y cuatro retiradas de más de 30 millones de vehículos. Fue citada para testificar ante el Senado de los Estados Unidos y recibió amenazas de muerte por interruptores de encendido defectuosos a los que se culpaba de 124 muertes.[53] Pero ella capeó el temporal e hizo el compromiso de progresar. Se dio cuenta de que GM necesitaba convertirse en líder de los vehículos eléctricos, así que empujó a la compañía para que se sacara el Chevy Bolt EV, el cual llegó al mercado antes del primer lanzamiento de Tesla de un vehículo por debajo de los 40.000 dólares.

Las muchas retiradas en su primer año podrían haber quebrado el espíritu de Barra, pero ella no se lo permitió. En cambio, usó la época traumática para crear nuevas políticas para animar a los trabajadores a reportar problemas antes de que los vehículos lleguen a las calles.

BRANCH RICKEY

Branch Rickey es una de las personas más destacadas de la historia de los deportes. No leerás sobre él en las estadísticas. Él no lanzó pases de *anotación*, ni jugó al cricket, y no compitió con Michael Jordan en el baloncesto. Rickey fue el director general de los Dodgers de Brooklyn en un tiempo clave de la historia de los Estados Unidos. Los dueños habían mantenido a los afroamericanos fuera del béisbol durante décadas, pero después de la Segunda Guerra Mundial, la presión para la integración a lo largo de toda la nación llamó a la puerta del béisbol. Aun así, los dueños no respondieron.

Rickey era un innovador. Cuando llegó a Brooklyn introdujo jaulas de bateo y máquinas lanzadoras, y alentó a los jugadores a ponerse cascos de bateo. Mantenía un gran abanico de estadísticas y contrató a alguien para analizarlas y darle retroalimentación específica durante la temporada. Todos estos cambios eran innovadores, únicos en el juego.

La innovación no se limitaba a equipamiento y estadísticas. Rickey era un cristiano con fuertes convicciones contra la barrera del color en el béisbol. En contra de los deseos del resto de los dueños del equipo, él firmó con una estrella de la liga negra, Jackie Robinson, un contrato para una liga menor justo después de la Segunda Guerra Mundial. Robinson jugó para el equipo de la liga menor de los Dodgers en Montreal una temporada, y tenía tanto talento que Rickey lo llevó al equipo de la liga principal. Su primer partido fue el 15 de abril de 1947. Todos sabían que Robinson recibiría abuso verbal por parte de aficionados racistas. Rickey le había preparado diciendo que estaba buscando a un hombre que "tuviera las agallas suficientes para no tomar represalias".

No fueron solo los racistas en las gradas los que acosaron a Robinson. Algunos de los jugadores de los Dodgers se negaron al principio a jugar con él. Uno de ellos, Bobby Bragan, se opuso amargamente a la decisión de Rickey de llevar a Robinson a los Dodgers. Intentó dirigir una revuelta, uniéndose a algunos otros jugadores que amenazaban con no jugar si Robinson saltaba al campo. El gerente, Leo Durocher, les dijo que Robinson iba a jugar, y si no querían jugar con él podían irse del equipo. Se quedaron.

Robinson enseguida se convirtió en una estrella en el campo. Ganó el premio de Mejor Novato del Año y después fue nombrado el Jugador más Valioso de la Liga. Su coraje y habilidad abrieron la puerta para que muchos otros afroamericanos jugaran en las Grandes Ligas. Todo eso sucedió porque un hombre, Branch Rickey, tuvo la visión de darles a todos la oportunidad de jugar al béisbol. Fue un compromiso que era bueno para el deporte y bueno para los Estados Unidos, pero Branch Rickey lo hizo porque era sencillamente lo correcto que se debía hacer.

Branch Rickey murió en 1965. Muchos de los Dodgers, la mayoría de los cuales se habían retirado años antes, acudieron al funeral para mostrar sus debidos respetos. Un periodista le preguntó a Bobby Bragan por qué había acudido. Él dijo: "Porque Branch Rickey me hizo ser una mejor persona".

BENEFICIOS DE LA TENSIÓN

Estoy seguro de que conoces a hombres y mujeres cuyas vidas son modelos para seguir, ¡y has estado pensando en ellos durante todo este libro! Han enfrentado desafíos importantes y las tensiones asociadas a ellos, y han aprendido a asirse a ambos extremos al mismo tiempo.

Permíteme concluir detallando los beneficios de desarrollar la habilidad para aceptar, resolver y usar la tensión.

LO QUE EVITAS USANDO LA TENSIÓN

En primer lugar, aquí tienes algunas cosas que te evitarás. Entenderás que la presencia de tensión no es un fallo en ti ni una amenaza de otros, así que...

- No te pondrás nervioso ni sentirás confusión cuando encuentres tensión.
- No te sentirás culpable de que todo sea culpa tuya, y no supondrás que todo es culpa de otra persona.
- Experimentarás menos presión para averiguar todo y resolverlo de forma rápida y completa.
- No te sentirás acosado cuando las personas demanden hacer las cosas a su manera.
- No ignorarás a las personas cuando huyan o se escondan.
- No cederás a la tentación de tranquilizar a todos en lugar de decir la verdad.

LO QUE GANAS USANDO LA TENSIÓN

Y en el lado positivo del libro de la contabilidad, entenderás que...

- La tensión es esencial para el crecimiento, tanto el tuyo como el de ellos.
- La tensión te ayuda a pensar más profundamente, a comprometerte más, a luchar con ideas y metas que compiten, y a ser genuino con otros incluso cuando discrepen.
- La tensión te hace ser más sabio y accesible.
- La tensión te da la oportunidad de hablar, hacer preguntas difíciles, escuchar y pasar a la acción.

En resumen, la tensión es una realidad inevitable. Acéptala. Resuélvela cuando puedas. Úsala para ayudarte a crecer a ti y a otros. Deja que te haga ser un gran líder.

La tensión nos hace mejores personas.

PARA PENSAR:

1. ¿Cuáles son algunas maneras en las que has visto que la interrupción condujo a la innovación?
2. ¿Cuándo es necesario hacer una *autopsia* a un problema, y cuándo es una distracción?
3. Repasa las siete tensiones que podrías experimentar durante tiempos de un crecimiento rápido. ¿Cuál de ellas has experimentado? ¿Cómo respondiste?
4. ¿Cuáles son algunas razones por las que necesitamos abrazar la tensión en nuestra vida espiritual? ¿Qué sucede cuando somos demasiado rígidos y tendemos a irnos a los extremos?

PARA APLICAR:

- A medida que leíste este capítulo, ¿qué tensiones descritas aquí te hicieron recordar tus propias experiencias?
- ¿Cómo respondiste en ese momento?
- ¿Cómo quieres responder la próxima vez?
- ¿A quién conoces que esté experimentando una tensión similar hoy?
- ¿Cómo puedes ayudar a esta persona a aceptar la tensión, resolver la tensión o usar la tensión para estimular una solución innovadora?

ACERCA DEL AUTOR

La visión singular de Sam Chand para su vida es *ayudar a otros a tener éxito*. Prolífico autor y renombrado consultor empresarial internacional, desarrolla líderes mediante consultoría, *Sam Chand Leadership Institute, Dream Releaser Coaching*, y recursos como libros, seminarios web y descargas digitales.

Sam da consultoría a grandes iglesias y empresas sobre liderazgo y crecimiento, realiza conferencias de liderazgo por todo el mundo, y habla regularmente en corporaciones, mesas redondas de empresas, seminarios y otras oportunidades de desarrollo de liderazgo.

Haberse criado en la casa de un pastor en India ha equipado a Sam de forma muy particular para compartir su pasión de mentorear, desarrollar e inspirar a líderes a romper todos los límites. Se le ha llamado liberador de sueños, arquitecto de liderazgo y estratega del cambio.

En la década de 1970 siendo estudiante del Instituto Beulah Heights, Sam trabajaba como conserje, cocinero y lavando platos para pagar sus estudios. Regresó en 1989 como presidente, y bajo su liderazgo, Beulah Heights University se convirtió en la universidad cristiana predominantemente afroamericana más grande del país.

Sam tiene un Doctorado honorario en Letras de Beulah Heights University, un Doctorado honorario en Divinidades de Heritage Bible College, una Maestría en Consejería Bíblica de Grace Theological Seminary, y una Licenciatura en Educación Bíblica de Beulah Heights. Ha sido mentor de líderes en iglesias y ministerios, así como en corporaciones internacionales y empresas emergentes. Fue nombrado uno de los treinta principales gurús de liderazgo global por www.leadershipgurus.net.

Sam ha escrito más de una decena de libros sobre liderazgo, incluyendo *Secuencia hacia el éxito: tres cosas que te pueden llevar a cualquier lugar en la vida; Piensa diferente, vive diferente; Inspira; Liderazgo acelerado; ¿Quién sostiene tu escalera?; ¿Qué mueve tu escalera?; El dolor del liderazgo y otros.*

Sam y su esposa Brenda tienen dos hijas adultas. Tienen su residencia en Atlanta, Georgia.

Para más información o para conectar con Sam, por favor, visita www.samchand.com.

NOTAS

CAPÍTULO 1: TENSIONES EN TU VIDA PERSONAL

1. Richard Carlson y Benjamin Shield, *Handbook for the Soul* (New York: Back Bay Books 1995).

2. "The Evolving Definition of Work-Life Balance", Alan Kohll, *Forbes*, 27 de marzo de 2018 (www.forbes.com/sites/alankohll/2018/03/27/the-evolving-definition-of-work-life-balance/#7ff896989ed3).

3. "How Generation-Z Will Revolutionize theWorkplace", Ashley Stahl, *Forbes*, 10 de septiembre de 2019, (www.forbes.com/sites/ashleystahl/2019/09/10/how-generation-z-will-revolutionize-the-workplace/#44bf113c4f53).

4. Stephen Covey, *The 7 Habits of Highly Effective People* (New York: Simon & Schuster, 2004), p. 165.

5. John Ortberg, *Overcoming Your Shadow Mission* (Grand Rapids: Zondervan, 2008), p. 12.

6. Theresa Bullard, Ph.D., "The Difference Between Success and Fulfillment", 22 de junio de 2018 (www.theresabullard.com/single-post/2018/06/21/The-Difference-Between-Success-and-Fulfillment).

CAPÍTULO 2: TENSIONES CON LAS PERSONAS

7. Mitch Albom, *Tuesdays with Morrie: An Old Man, a Young Man, and Life's Greatest Lesson* (New York: Broadway Books, 2017).

8. Estas recomendaciones han sido seleccionadas de Chris Sonksen, www.churchboom.org.

9. Carla Rivera, "9 of the Biggest Social Media Influencers on Instagram", Digital Marketing Institute (digitalmarketinginstitute.com/en-us/blog/9-of-the-biggest-social-media-influencers-on-instagram).

10. Ibid.

11. Citado por Judy Ford en *Wonderful Ways to Be a Family* (San Francisco: Red Wheel, 1998), p. 93.

12. Brené Brown, *Daring Greatly* (New York: Random House, 2012), p. 216.

13. Brian T. King, "How Good Leaders Handle Disagreement", 26 de junio de 2018 (www.briantking.com/insights/how-good-leaders-handle-disagreement-vs-weak-leaders).

CAPÍTULO 3: NO PUEDES ESCAPAR

14. Adaptado de "Stress in Relationships: Their Sources and Antidotes", Susan Heitler, Ph.D., *Psychology Today*, 30 de mayo de 2013 (www.psychologytoday.com/us/blog/resolution-not-conflict/201305/stress-in-relationships-10-sources-and-their-antidotes).

15. Vocabulary.com.

16. Stuart Briscoe, "The Price of Progress", *Christianity Today,* Pastors, 1993 (www.christianitytoday.com/pastors/leadership-books/measuringup/mmpp01-8.html).

17. Lucy McGuire, "What is creative tension and how could it help you?", Virgin.com, 15 de mayo de 2018 (www.virgin.com/entrepreneur/what-creative-tension-and-how-could-it-help-you).

18. Robert M. Kaplan y Dennis P. Saccuzzo, *Psychological Testing* (Belmont, CA: Brooks/Cole Publishing Company, 1989), pp. 445-447.

19. "What Is Stress?", The American Institute of Stress (www.stress.org/daily-life).

CAPÍTULO 4: ES TU DECISIÓN

20. Jeff Wise, "How the Brave Are Different", *Psychology Today,* 20 de abril de 2010 (www.psychologytoday.com/us/blog/extreme-fear/201004/how-the-bravest-are-different).

21. Dominic Dodd y Ken Favaro, "Managing the Right Tension", *Harvard Business Review,* diciembre de 2006 (hbr.org/2006/12/managing-the-right-tension).

CAPÍTULO 5: TENSIONES EN LA IMPLEMENTACIÓN

22. Viktor E. Frankl, *Man's Search for Meaning* (Boston, MA: Beacon Press, 1992).

23. Jeff Haden, "The 8 Instinctive Habits of Remarkable Leaders", *Entrepreneur,* 10 de febrero de 2015 (www.entrepreneur.com/article/242713).

24. Ibid.

25. Sunny Bonnell, "4 Leaders Who Won by Following Their Instincts (Despite Being Told They Were Crazy)", *Inc.*, 22 de enero de 2018 (www.inc.com/sunny-bonnell/how-to-follow-your-instincts-in-business-even-when-people-say-youre-crazy.html).

CAPÍTULO 6: TENSIONES CON LA VISIÓN

26. Para más información y motivación, ver "20 Reasons Why You Should Write Your Family History" por Carmen Nigro, New York Public Library, 9 de febrero de 2015 (www.nypl.org/blog/2015/02/09/reasons-to-write-your-family-history).

27. Adaptado de varios recursos, incluído "Cycles of Failure and Cycles of Success and their Implications on Service Profit Chain" por John Dudovskiy, *Research Methodology*, 27 de noviembre de 2012 research-methodology.net/cycles-of-failure-and-cycles-of-success-and-their-implications-on-service-profit-chain).

28. Lily Rothman, "What Happened to the Car Industry's Most Famous Flop?", *Time*, 19 de noviembre de 2014 (time.com/3586398/ford-edsel-history).

29. Minda Zetlin, "5 Things the Smartest Leaders Know about Risk-Taking", *Inc.*, 20 de abril de 2015 (www.inc.com/minda-zetlin/5-things-the-smartest-leaders-know-about-risk-taking.html).

30. Adam Hurley, "A Brief History of Bottled Water", *Kitchn*, 23 de febrero de 2016 (www.thekitchn.com/a-brief-history-of-bottled-water-228642).

31. Neil Petch, "The Five Stages of Your Business Lifecycle: Which Phase Are You In?", *Entrepreneur*, 29 de febrero de 2016 (www.entrepreneur.com/article/271290).

CAPÍTULO 7: TENSIONES AL ENFRENTAR DECISIONES DIFÍCILES

32. Noam Wasserman, "The Founder's Dilemma", *Harvard Business Review*, febrero de 2008 (hbr.org/2008/02/the-founders-dilemma).

33. "Teaching for Learning (XVI)", Martin M. Broadwell, 20 de febrero de 1969 (citado en edbatista.typepad.com/files/teaching-for-learning-martin-broadwell-1969-conscious-competence-model.pdf).

34. Paul R. Curtiss and Phillip W. Warren, *The Dynamics of Life Skills Coaching* (Training Research and Development Station: Prince Albert, Saskatchewan, 1973), p. 89.

35. Para saber más sobre el rol dual de pastor y director general, consulta mi libro *Who's Holding Your Ladder?* (¿Quién sostiene tu escalera?) (New Kensington, PA: Whitaker House, 2016), pp. 34-38.

36. Tom Peters, *Excellence Now,* TomPeters! Blog (tompeters.com/quote/13381).

37. Robert Greenleaf, "The Servant as Leader", 1970 (www.greenleaf.org/what-is-servant-leadership).

CAPÍTULO 8: TENSIONES EN LA COMUNICACIÓN

38. Muchas organizaciones usan el concepto de comunicación en cascada. Por ejemplo, ver "Cascading Communication: Sending Out Your Message to the Entire Organization", Center for Management & Organizational Effectiveness (cmoe.com/blog/cascading-communication-sending-message-entire-organization).

39. Tiffany Mawhinney y Kimberly Betts, "Understanding Gen Z in the workplace", Deloitte (www2.deloitte.com/us/en/pages/consumer-business/articles/understanding-generation-z-in-the-workplace.html).

40. John Rampton, "Different Motivations for Different Generations of Workers: Boomers, Gen X, Millennials, and Gen Z", *Inc.*, 17 de octubre de 2017 (www.inc.com/john-rampton/different-motivations-for-different-generations-of-workers-boomers-gen-x-millennials-gen-z.html).

41. Stuart Briscoe, "The Price of Progress", *Christianity Today,* 1993, (www.christianitytoday.com/pastors/leadership-books/measuringup/mmpp01-8.html).

42. Megan Baker y Jelena Milutinovic, "The Importance of Face-to-Face Communication in the Digital Age", Australian Institute of Business, 15 de septiembre de 2016 (www.aib.edu.au/blog/communication/face-to-face-communication-in-the-digital-age).

43. Daniel Threlfall, "Grow Your Church by Embracing Technology", *ShareFaith Magazine* (www.sharefaith.com/blog/2010/04/grow-church-embracing-technology).

CAPÍTULO 9: MANEJANDO LA TENSIÓN (¡ANTES DE QUE TE MANEJE A TI!)

44. Dr. David G. Javitch, "7 Steps to Defuse Workplace Tension," *Entrepreneur,* 29 de julio de 2010 (www.entrepreneur.com/article/207680).

45. Alan Kohll, "How to Build a Positive Company Culture", *Forbes,* 14 de agosto de 2018 (www.forbes.com/sites/alankohll/2018/08/14/how-to-build-a-positive-company-culture/#529b9fbb49b5).

46. Ibid.

47. Ver *Culture Catalyst* (New Kensington, PA: Whitaker House, 2018).

CAPÍTULO 10: NUEVAS EXPECTATIVAS, RESULTADOS DIFERENTES

48. Rick Warren, *Daily Inspiration for the Purpose Driven Life* (Grand Rapids, MI: Zondervan, 2003).

49. Adaptado de "7 Common Tensions You Can Expect During Fast Growth or Overwhelming Change", Ron Edmondson, 3 de octubre de 2017 (ronedmondson.com/2017/10/7-tensions-you-can-expect-in-fast-growth.html).

50. Peter Vanden Bos, "How to Build an Onboarding Plan for a New Hire", *Inc.,* (www.inc.com/guides/2010/04/building-an-onboarding-plan.html).

51. Doris Kearns Goodwin, *Team of Rivals* (New York: Simon & Schuster: 2005), p. xvii.

52. Citado en "Dietrich Bonhoeffer: German theologian and resister", *Christianity Today* (www.christianitytoday.com/history/people/martyrs/dietrich-bonhoeffer.html).

53. David Shepardson, "GM compensation fund completes review with 124 deaths", *Detroit News,* 24 de agosto de 2015 (www.detroitnews.com/story/business/autos/general-motors/2015/08/24/gm-ignition-fund-completes-review/32287697).